Buch

Gestalttherapie ist eine Lebenshaltung – Schamanismus ebenso. Sie treffen sich in der Seele, denn beide wollen das Seelenheil. Doch was ist die Seele? Der Seelenraum? Es ist im Seelenraum, in dem Begegnung von Seele zu Seele und somit Heilung stattfinden kann.

Zwischen Spiritualität und Psychotherapie besteht eine deutlich erkennbare Nähe. Dieses Buch zeigt einen möglichen Weg, wie die gestalttherapeutische Arbeit und der Schamanismus sich begegnen können. Inwiefern sich der Schamanismus und die Gestalttherapie ergänzen, wie sie sich unterscheiden und sich gegenseitig klären, ist ebenso Inhalt dieses Buches. Aufgrund praktischer Erfahrungen mit grenzwissenschaftlichen Ansichten und im Sinne der Ganzheitlichkeit, möchte dieses Buch Neugier und Freude wecken und vor allem die Angst vor der schamanischen Arbeit nehmen. Viele praktische Beispiele zeigen einen möglichen Weg.

Sabina Schöpfer, geb. 1976, studierte klinische Psychologie an der Universität Fribourg (Schweiz). Nach einer Ausbildung zur Psychotherapeutin (integrative Gestalttherapie) war sie für verschiedene Institutionen mit dem Schwerpunkt Kinder und Jugendliche tätig.

Während der Zeit an der Universität wurde sie über die Träume auf den Pfad des Schamanismus geführt. Dies veranlasste sie Seminare u.a. bei der FSS (Foundation for Shamanic Studies), Alberto Villoldo und Carlo Zumstein zu besuchen. Seit 2007 ist sie in freier Praxis tätig und seit 2009 wirkt sie im südlichen Niederösterreich. Neben Kindern und Jugendlichen begleitet sie auch Erwachsene auf ihrem Weg zur Heilung. Sie bietet Vorträge, Seminare und Weiterbildungen in der Integration von modernem Wissen und schamanischer Heilarbeit an: www.seelenraum.jimdo.com

Sabina Schöpfer

 # Seelenraum

Wo sich
Gestalttherapie
und

Schamanismus
begegnen

Beispiele aus der Praxis mit
Kindern und Erwachsenen

Bibliografische Information der Deutschen Nationalbibliothek:
Die Deutsche Nationalbibliothek verzeichnet diese Publikation in der Deutschen Nationalbibliografie; detaillierte bibliografische Daten sind im Internet über http://dnb.dnb.de abrufbar.

Umschlagsgestaltung: **Peter Majhenic** (MEDIAgraf.at) & **Manuela Lechner**
Layout & Support: **Richard Millian**

Herstellung und Verlag: BoD – Books on Demand, Norderstedt

ISBN: **978-3-7357-1929-4**

An Wokini ... das neue Leben

Inhalt

Dank aus tiefstem Herzen an...

Katharina Martin. Du hast mir den heiligen Boden der Achtsamkeit bereitet.

Alf Fuchs. Du bist mit mir in den Fluss des Lebens gestiegen, um geschehen zu lassen, was unsere Seelen schon lange wissen, unio mystica.

Meine **Freunde**. Für das gemeinsame Sein und liebevolle Gehen eines gemeinsamen Weges - für Eure Unterstützung.

Die wundervollen **Spirits**. Ihr steht mir stets mit eurem Humor und Weisheiten zur Seite und zeigt mir immer wieder neue Zugänge zur Seele.

Vorwort

In einem späten Interview hat Laura Perls sich bedauernd dazu ge-
äußert, dass in der Gestalttherapie das Spirituelle derart hinausgedrängt
wurde, da es ja ursprünglich eigentlich darin war – und dass sie finde,
dass da noch etwas offen sei. Wenn man sich mit den Grundlagen der
Gestalttherapie beschäftigt, kommt man ja fast zwangsläufig auf
Spirituelles und auch eine der letzten Notizen von Fritz Perls selber
(aus der Lebensgemeinschaft in Kanada) bestätigt seine Überzeugung
von der innewohnenden spirituellen Natur des Gestaltansatzes, da er
vom Wesen her nicht materialistisch sondern prozessorientiert an die
Wirklichkeit herangeht.

Das Spirituelle in die psychotherapeutische Arbeit zu integrieren, ist
nun nicht so ganz einfach, da ja vieles nicht greifbar oder beweisbar ist,
was auf den feineren Ebenen wahrgenommen werden kann, eher
vergleichbar dem Traumerleben oder der aktiven Imagination. Da
kommt die schamanische Praxis so wie sie in unseren Breiten vermittelt
und angewendet wird, der therapeutischen Arbeit doch sehr entgegen
und vor allem auch der Arbeit mit Kindern, die ohnehin noch nicht so
weit weg vom symbolischen und Bild-Erleben sind. Besonders für sie
ist auch die Arbeit mit Ritualen sehr hilfreich und unterstützend und die
Bräuche, die aus der indianischen Lebensbewältigungspraxis
übernommen werden können, geben eine Stütze in unserer nüchternen
Alltagswelt, in der die Kinder und Jugendlichen oft zu wenig
„Seelennahrung" bekommen. Aber auch den Erwachsenen helfen die
Zugangsweisen zu ihrer Innenwelt und die differenzierte Strukturierung
ihrer Seelenlandschaften, die mithilfe der schamanischen Praxis
möglich sind.

So freue ich mich sehr, dass Sabina Schöpfer auf ihre eigene Weise eine Verbindung gesucht und gefunden hat, wie sie ihre geliebte schamanische Praxis in die gestalttherapeutische integrieren kann – sehr zum Wohle vieler Klienten und Kinder – zumal sie in der schamanischen Weltsicht ihre eigene Sehnsucht nach Tiefe und spiritueller Ausrichtung finden konnte, nach der es sie auf ihrem eigenen Ausbildungsweg gedrängt hat. Und es ist eine überaus aktuelle Sicht, die den Menschen eingebunden sieht in die Gesamtheit des Lebendigen und Universellen und sie enthält ganz eigene Heilungshilfen und Unterstützungsmöglichkeiten, die ich für sehr kostbar halte.

Katharina Martin

1 Einleitung

Auf meinem Weg zur persönlichen Weiterentwicklung und Entfaltung wurde ich von meiner Seele zum Schamanismus geführt. Dieses Buch soll meinen seither steten Versuch beschreiben, den Schamanismus in die gestalttherapeutische Arbeit zu integrieren. Für mich besteht zwischen Spiritualität und Psychotherapie eine deutlich erkennbare Nähe. In beiden Bereichen berühren sich Ansätze zur Lebensvertiefung, Sinnfindung, inneren Heilung und Ganzwerdung. Inwiefern sich der Schamanismus und die Gestalttherapie ergänzen, wie sie sich aber auch unterscheiden und sich meiner Ansicht nach gegenseitig klären, ist Inhalt dieses Buches.

In meiner Kindheit fühlte ich eine tiefe Traurigkeit und Einsamkeit, obwohl immer Menschen um mich herum waren. Von meinen Mitmenschen wurde ich als fröhliches und lebendiges Kind erlebt und beschrieben, aber innerlich fühlte ich mich zutiefst traurig. Es fiel mir schwer, meinem Leben einen tieferen Sinn zu geben und deshalb kann es auch verständlich sein, dass ich als Mädchen oft nicht mehr leben wollte. In der Zeit der Dunkelheit, der Nacht, gab es jedoch etwas, das mir Bilder, Worte und Gefühle schickte. In und von dieser Welt fühlte ich mich wohl und verstanden. Obwohl diese Erlebnisse flüchtig waren, gaben sie mir die Kraft zum Weiterleben. Da gab es etwas, das mich auf einer anderen Ebene, als der des Alltagsbewusstseins zu erreichen schien. Es war mein Wunsch, diese Träume zu verstehen, die mir jenen Sinn brachten, den ich meinem Leben geben durfte. Die Traumzeit mit ihrer Vielfältigkeit hat damals begonnen. Diese Träume waren und sind auch heute noch meine treuen Begleiter, die mir Kraft und Informationen bringen, um die Herausforderungen in meinem heute sehr geliebten Leben meistern zu können. Sie führen mich behutsam und sanft zur Tiefe meines Selbst – zu meinem wahren Wesen, welches ich suche, solange ich mich erinnern kann. Die Traumarbeit in der Gestalttherapie wurde mir natürlich sofort sehr lieb. Was mir die Gestalttherapie heute zudem bedeutet, durch welche Einflüsse und wichtigen Wurzeln sich die Gestalttherapie für mich besonders auszeichnet, wie auch die daraus entnommenen und abgeleiteten Grundannahmen, wird in Kapitel 2 benannt und beschrieben.

Seither gehe ich bei meinen Recherchen und meinem Tun auf der Zeitachse weiter zurück, als die Gestalttherapie ihre Wurzeln hat – zigtausend Jahre zurück, in jene Zeit, als die Trommeln und Rasseln zum Herzschlag der Mutter Erde schlugen und immer noch schlagen – zurück in die Welt des Schamanismus, zu einer uralten Heiltradition. Was mir Schamanismus bedeutet und was darunter verstanden werden kann, welches Menschen- und Weltbild dahinter steht, ist in Kapitel 3 beschrieben.

Die Auswirkungen der Weltbilder von Gestalttherapie und Schamanismus auf den Therapeuten[1] und den schamanisch Tätigen, respektive deren Gemeinsamkeiten und die Unterschiede, beschreibe ich in Kapitel 4.

Gestalttherapie ist eine Lebenshaltung – Schamanismus ebenso. Sie treffen sich in der Seele, denn beide wollen das Seelenheil. Doch was ist die Seele? Was ist da tief in mir drin, das mich ausmacht, wenn ich in Kontakt damit bin, mich wohl, ganz und geborgen fühle? Ist dieses „Etwas" einfach nur in mir oder auch um mich herum? Die Forscher sind sich heute noch nicht einig. Auf diese Fragen gehe ich in Kapitel 5 genauer ein.

Meine persönlichen Erlebnisse mit schamanischen Reisen und Heiltechniken haben mir erfahrbar gemacht, dass andere Dimensionen existieren und dass Heilung herbeigeführt werden kann, wenn man den Zugang zu diesen transpersonalen Dimensionen findet und kultiviert. Die schamanische Reise stellt sich als gute Möglichkeit dar, in andere

---

[1] Aus Gründen der besseren Lesbarkeit werde ich in dieser Arbeit entweder die weibliche oder die männliche Form bei der Benennung von Schamanen, Therapeuten und Klienten wählen. Es sind jedoch immer beide Formen gemeint, da sie ja beide gleiches Recht haben.

Dimensionen zu reisen und innerhalb kurzer Zeit negative Energien aufzudecken. Auf diese Weise eröffnet sie dem Menschen einen anderen Weg, der wieder näher zur Ganzheit und somit zur Heilung führt.[2]

Durch das Vertrautwerden mit diesen anderen Welten haben sich meine therapeutischen Fähigkeiten in einer wundervollen Weise weiterentwickelt. Meine Intuition konnte sich verfeinern. Die intuitiven Fähigkeiten, die man oft als „sechsten Sinn" bezeichnet, werden in unserer heutigen Gesellschaft leider nicht genügend beachtet und damit auch nicht entsprechend gepflegt. Daher entsteht ein Mangel an Verbindung zu dieser so kostbaren Quelle. Mit den heutigen wissenschaftlichen Methoden lassen sich diese Fähigkeiten nicht messen, aber trotzdem existieren sie. Wie Einstein auch schon sagte, ist die Intuition eine heilige Gabe und der rationale Verstand ein treuer Diener. Wichtig für mich ist es nun, diese Schätze sorgfältig zu erfahren, um sie dann in angepasster Form in meine gestalttherapeutische Arbeit, wie es der aktuelle Prozess erlaubt und erforderlich macht, einbringen zu können.[3] Weiter folgen Beispiele aus der praktischen Arbeit mit Kindern[4], Jugendlichen und Erwachsenen.[5]

Heilend für mich war die Erfahrung des All-Eins-Seins erleben zu dürfen. Dies hat meine Illusion der Getrenntheit ausgelöscht. Es ermöglicht mir endlich, von meinem kleinen Kosmos „Ich" weg zu kommen, in die Verbundenheit mit Allem einzutauchen und diese auch zu fühlen. Auf diese Weise habe ich auch das Vertrauen bekommen, auf mein Höheres Selbst zu hören oder die „Spirits" um Hilfe oder Orientierung im Alltag zu fragen – nicht erst dann die spirituelle Welt um Hilfe zu bitten, wenn sich eine Herausforderung des Lebens vermeintlich als unüberwindbar darstellt. Mein Leben hat eine besondere Qualität erhalten, die ich auch pflege, wenn es mir gut geht. Das Wissen um diese Verbundenheit ist für mich ein wesentlicher Bestandteil meines Alltags geworden und zeigt mir immer wieder mögliche Wege auf – welchen ich wähle, liegt alleine in meiner

---

[2] vgl. Kapitel 6
[3] vgl. Kapitel 7
[4] vgl. Kapitel 8
[5] vgl. Kapitel 9

Selbstverantwortung. Mein Leben ist durch diese Verbindung viel fröhlicher geworden, denn die „Spirits" haben sehr viel Humor.

Durch den Schamanismus haben meine Wurzeln einen Boden bekommen, in dem sie sich verankern und weiterwachsen können. Im Schamanismus verbindet sich meine Liebe zu den Tieren, bei denen ich in der Zeit meiner Traurigkeit Liebe fand, zur Natur, zu den Menschen und schließlich zu mir selbst. Die praktische Arbeit mit Schamanismus hat meine Ausübung von Gestalttherapie transparenter gemacht. Ich habe den Schamanismus als eine Quelle neuer Sichtweisen entdeckt und bin dankbar für diese Bereicherung.

Mit diesem Buch möchte ich bei allen Lesern Neugier und Freude wecken und sie ermutigen, sich auf den Weg zu den ureigenen Wurzeln zu begeben, dieser feinen, leisen inneren Stimme zu lauschen und ihr mutig und ohne Angst zu folgen, um die bisher noch unentdeckten Schätze zu erfahren und sie genießen zu können.

2 Wesentliche Aspekte in der Gestalttherapie

„Für mich existiert nur das Jetzt... Jetzt umfasst alles, was existiert.
Die Vergangenheit ist nicht mehr und die Zukunft ist noch nicht.
Jetzt schließt das Gleichgewicht des Hierseins ein,
ist Erleben, Engagement, Phänomen, Bewusstheit."
(Fritz Perls, 1976, S.52)

Wir leben viel zu oft in der Vergangenheit und überlegen, was wir anders hätten tun können. Wir malen uns unsere Zukunft aus und versuchen sie gar vorwegzunehmen. Wenn wir zu sehr feststecken, bleibt kaum Energie für das Hier-und-Jetzt, um sich mit den Herausforderungen der Gegenwart auseinanderzusetzen, weil man entweder in der Vergangenheit weilt oder bereits die Zukunft schmiedet. Wie soll der Mensch Lösungen für seine aktuellen Schwierigkeiten oder Herausforderungen finden können, wenn er gar nicht wirklich hier ist?

Leider ist unsere Gesellschaft so sehr auf Leistung und Verstand fixiert, dass wir unser „wahres Sein" bereits vergessen haben und uns der ursprünglichen Kraft, die uns zur persönlichen Entwicklung und Erfüllung drängt, nicht mehr gewahr sind.

„Elefanten versuchen nicht Giraffen oder Schwalben zu werden.
Radieschen versuchen nicht rote Beete zu werden. Aber wir versuchen zu sein,
was wir nicht sind. Wir ersticken in den Idealen, die unerreichbar sind oder die
nur auf unsere eigenen Kosten erreicht werden können.
Wir gehen auf den Zehenspitzen, um nur ja nirgendwo anzustoßen und werden
schließlich ärgerlich auf unsere Zehen, wenn sie uns weh tun."
(Bruno-Paul de Roeck, 2002, S.15)

Sich mit sich selbst zu beschäftigen, in die Stille zu kommen, um nachzuspüren wer ich eigentlich bin, was meine Bedürfnisse sind, wird in unserer Gesellschaft oft belächelt und ist zum Teil verpönt: „Anstatt rumzusitzen, tu doch was! Meinst du, dein Glück kommt von ganz alleine zu dir?!" Wenn ich versuche hinter diese Sätze zu sehen, kann ich oft entdecken, dass es vielen Menschen schwer fällt zu sich zu kommen, sich sein zu lassen, dieser inneren Weisheit zu vertrauen – der Verstand ruft sofort und wird laut. Es wird schwer, die Stille in sich überhaupt noch zu finden. Wo ist sie überhaupt? Wenn sich der Mensch darauf einlässt, findet er oft eine Leere vor, die ihn traurig stimmt und ihn sich einsam fühlen lässt, anstatt sich All-Eins, mit allem um sich verbunden, zu fühlen. Diese Traurigkeit und Einsamkeit ist für mich ein Zeichen, dass das Selbst, die Seele dieses Menschen, kaum Platz bekommt im Leben oder den Platz noch nicht gefunden hat. In unserer Gesellschaft wird der Beschäftigung mit der Seele kaum Wertschätzung entgegengebracht, da dies nicht gleich sichtbaren Ertrag abwirft. Aber ganz im Gegensatz, wenn dieser Teil leben darf und Nahrung bekommt, dann kann er wachsen. So bekommt die Seele endlich wieder eine genügend laute Stimme, die wir vernehmen können, wenn wir diesen Platz in uns aufsuchen. In diesen Momenten sind wir glücklich und erfüllt. Das ist doch ein guter Ertrag!

Viele Menschen sehnen sich nach diesem Platz und wissen nicht, wie sie dahin gelangen können. Die Gestalttherapie hat einen Ansatz, indem es darum geht, dem Menschen einen Raum anzubieten, in dem er sich wiederentdecken kann. Entdecken, wer er ist – wahrnehmen, welche Töne in ihm klingen, wenn er endlich einmal zuhören darf und sich auch erlaubt, Zeit für sich selbst zu nehmen, ohne dass dies gleich wieder bewertet werden muss: „Ah, bist du egoistisch!" Gestalttherapie unterstützt den Prozess der Selbstwerdung, indem sie den Weg zu unserem eigentlichen Selbst öffnet – zu dem, was sich für uns gut anfühlt.

Der Prozess ermöglicht dem Menschen, sich selbst wieder zu entdecken, im Hier-und-Jetzt, ohne Bewertung einfach im Fluss zu sein. Wieder zu entdecken, wer er ist in seiner Tiefe und seiner Seele, denn da ist das Potential seines inneren Wissens und seiner Heilwerdung.

Als Therapeutin bin ich immer wieder sehr berührt, wenn mir mein Gegenüber Vertrauen entgegenbringt – wenn ich mit ihm seinen eigenen Raum aufsuchen und betreten darf. Immer wieder bin ich in solchen Momenten erfüllt von Demut und Staunen über die Schönheit dieses Schatzes, der sich in dieser Begegnung von Seele zu Seele enthüllen kann. In solchen tiefen Momenten würde es niemandem in den Sinn kommen, etwas zu bewerten oder gar jemandem sagen zu wollen, wohin er gehen soll. Es ist pure Schönheit, die sich einem eröffnet, wenn der Mensch diesen oft vergessenen Raum in sich betreten kann. Wie ein kleines Kind, voller Neugier und Staunen über das Wundervolle, das sich ihm offenbart.

2.1 Was ist Gestalttherapie?

„Gestalt ist keine Technik, kein therapeutisches Schnellverfahren, sondern ein ernsthafter Weg sich selbst zu finden und zu wachsen. Wachstum ist aber ein Prozess, der Zeit braucht. Gestalttherapie erfordert eine Haltung, die nicht in zwei Monaten erworben wird, sondern ein langes ernstes Training, in dessen Zentrum die Entwicklung der Persönlichkeit steht."
(Fritz Perls, 2002, S.4)

Gerne möchte ich die Gestalttherapie in der Form darstellen, wie sie sich mir während meiner bisherigen therapeutischen Arbeit gezeigt hat – welche Gestalt sie für mich angenommen hat. Ich werde vor allem die Grundannahmen und Konzepte darstellen, die mich wesentlich begleitet haben, mir ans Herz gewachsen und somit für dieses Buch wichtig sind. Ich freue mich jetzt schon darauf zu entdecken, wie sich „meine Gestalttherapie" auf meinem weiteren Weg entfalten und weiterentwickeln wird.

Die Gestalttherapie hat sich mir als ein äußerst spiritueller Ansatz gezeigt, wenn auch das „Spirituelle" (Definition siehe weiter unten) nicht explizit benannt ist. Vor allem deshalb, weil einige Grundannahmen der Gestalttherapie aus existenzialistisch-philosophischen Wurzeln stammen. Dadurch ist der Gestaltansatz eigentlich uralt, zeitlos und recht gut vereinbar mit spirituellen Ansätzen. Aufgrund dessen, habe ich mich in der Gestalttherapie vom ersten Moment an heimisch gefühlt. In diesem großen Ganzen wurde soviel Offenheit gelassen, dass das Spirituelle, je nach Persönlichkeit des Therapeuten, seinen Platz in der Gestalttherapie haben darf.

Spiritualität (von lateinisch „spiritus": Geist, Sinn, Hauch) bedeutet im weitesten Sinne eine Form von Geistigkeit als Gegensatz zum rein rationalen Denken. Sie kann als „transreligiöse, transkonfessionelle Erfahrung von einem übergeordneten Ganzen" (Zitat von Dalai Lama) gesehen werden.

Bevor ich in den nachfolgenden Kapiteln genauer auf die mir wichtig gewordenen Wurzeln eingehe, möchte ich zuerst das Menschenbild umschreiben, welches der Gestalttherapie zugrunde liegt.

2.2 Menschenbild

Gestalttherapie zählt zu den humanistischen Therapieverfahren. Die humanistischen Strömungen, als Gegenbewegung zur Psychoanalyse und dem Behaviorismus, entwickelten sich einerseits aus dem allgemeinen Nachkriegsklima heraus, andererseits kam es zu einer Verdichtung verschiedenster Ideen, unter anderem fernöstlicher Konzepte. Das Unbewusste wird als unerschöpfliches Potential des Menschen aufgefasst, als die Fülle der Weisheit, die jeder in sich trägt und die schrittweise wiederentdeckt werden kann.

Dieses Menschenbild geht von einer positiven Grundstruktur des Menschen aus und basiert auf dem Prinzip der Selbstverwirklichung. Der Mensch ist einzigartig, prinzipiell gut und entwickelt sich durch Interaktionen mit anderen Menschen. In wenigen Worten ausgedrückt, könnte man dieses faszinierende Menschenbild so zusammenfassen: Wer ein Problem hat, trägt die Lösung bereits in sich.

Das Menschenbild der Gestalttherapie ist am gesunden Menschen orientiert. Die „Weisheit des Organismus" lässt in jedem Augenblick jenes in den Vordergrund treten, was momentan am dringlichsten ist. Wenn dabei „Störungen" auftreten, werden diese als spontane Umleitung des Lebensflusses verstanden, um trotz widriger Lebensbedingungen bestehen zu können.

Ein ausdrückliches Ziel der Gestalttherapie ist die Wiedererlangung der Ganzheit. In gestalttherapeutischen Worten gesprochen bedeutet dies, die abgespaltenen Teile in die Persönlichkeit wieder zu integrieren, die Kontaktstörungen zur Umwelt, zu sich selbst im Erleben, Wahrnehmen und Handeln bewusst zu machen und vorhandene Selbstheilungskräfte freizusetzen. Damit soll die Fähigkeit, für das eigene Leben Verantwortung zu übernehmen, wieder hergestellt werden.

Fritz Perls formulierte dies einfach in den folgenden Worten: „Lose your mind and come to your senses."[6] Das Wachstumsziel könnte demnach sein, das rationale Denken für einen Moment stehen zu lassen und die Intuition durch unsere Sinne zu fördern, umso mehr in Kontakt mit sich selbst und der Welt zu kommen, anstatt mehrheitlich im Kontakt mit vergangenheitsbezogenem und zukunftsorientiertem, wertendem Denken hängen zu bleiben.

Im Mittelpunkt der Gestalttherapie steht also ein ganzheitliches Weltbild. Sie sieht den Menschen in einem bio-psycho-sozialen Modell – als Einheit von Körper, Seele und Geist, den Fritz Perls, Ralph Hefferline und Paul Goodman „Organismus" nennen. Zudem steht der Mensch in einer ständigen Wechselbeziehung zu einem Umfeld sozialer, gesellschaftlicher und ökologischer Bedingungen – dem Organismus/Umwelt-Feld.[7] Der Mensch ist selbstverantwortlich. „Verantwortung (responsibility) ist in Wahrheit die Fähigkeit zu antworten (response-ability), die Fähigkeit, die eigenen Reaktionen selbst zu wählen."[8]

2.3 Gestalttherapeutische Wurzeln und die daraus entsprungenen Grundannahmen

Die Gestalttherapie wurde Ende der 40er Jahre ursprünglich von Fritz und Laura Perls und Paul Goodman entwickelt. Die Gestaltpsychologin und Psychoanalytikerin Laura Perls und der Schriftsteller und politische Aktivist Paul Goodman waren die kreativen Köpfe. Paul Goodman sei es laut Laura Perls zu verdanken, dass die Gestalttherapie in einer zusammenhängenden Theorie formuliert wurde.[9] Natürlich haben noch andere Personen wichtige Rollen gespielt.[10] „Die Popularisierung der

---

[6] Fritz Perls, 1992, S.117
[7] vgl. Kapitel 2.3.1.5
[8] Fritz Perls, 2002, S.98
[9] Laura Perls, 1999, S.188
[10] vgl. ausführlicher Hartmann-Kottek, 2004, S.41f.

Gestalttherapie in den 60er Jahren ging hauptsächlich von Fritz Perls aus. Goodman war in dieser Zeit mehr politisch engagiert, während die stille therapeutische Arbeit von Laura Perls weniger Aufsehen erregte. Der Charismatiker Fritz Perls war kaum theoretisch interessiert und legte eher Wert auf die Entwicklung eines eigenen therapeutischen Instrumentariums."[11]

Die Wurzeln und Vorläufer der Gestalttherapie liegen in vielen verschiedenen therapeutischen und philosophischen Strömungen europäischer, amerikanischer und östlicher Herkunft. Um hier nur die wichtigsten zu nennen: Psychoanalyse (Freud, Reich, Jung), Existenzialphilosophie, dialogische Philosophie Martin Bubers (Ich-Du-Beziehung), Phänomenologie (Husserl), Gestaltpsychologie und Gestalttheorie (Ehrenfels, Köhler, Wertheimer), Feldtheorie (Yontef), Psychodrama (Moreno), Theater und moderner Tanz, Zen-Buddhismus und Taoismus (Bewusstheit, Wirklichkeit im Hier und Jetzt).

Diese vielfältigen Einflüsse verbindet die Gestalttherapie zu einem neuen eigenständigen Ganzen. Die Gestalttherapie ist somit integrativ.

In den nun folgenden Kapiteln gehe ich auf die für mich wichtigsten Wurzeln der Gestalttherapie ein sowie auf die daraus entsprungenen und abgeleiteten Grundannahmen und Handlungsprinzipien, welche meiner Ansicht nach gute Gestalttherapeuten ausmachen.

2.3.1 Gestalttheorie und Gestaltpsychologie

Zu Beginn scheint mir wichtig zu erwähnen, wie es eigentlich zum Namen „Gestalttherapie" gekommen ist. Ursprünglich standen mehrere mögliche Begriffe für diese neue Psychotherapiemethode zur Auswahl. Fritz und Laura Perls hätten gerne den Begriff der „Existentialtherapie" gewählt. Dieser wurde aber damals zu sehr mit der Bewusstseins-philosophie Sartres in Verbindung gebracht, von der sich beide distanzieren wollten. Da Laura Perls ursprünglich Gestaltpsychologin war, wurde letztendlich ihr Wissen richtungsweisend für den Namen, die Theorie und Praxis der Gestalttherapie.

---

[11] Blankertz, 2000, S.13-14

Wie in mehreren Büchern diskutiert, war Fritz Perls eigentlich kein Wissenschaftler, sondern ein Mensch von intuitiven Einsichten. Er habe einige Begriffe der Gestaltpsychologie nicht wirklich verstanden, dies führte zu Missverständnissen und widersprüchlichen Auffassungen in den grundlegenden Konzepten der Gestalttherapie. Laut Laura Perls habe Fritz Perls einmal zu ihr gesagt: „Weißt du, ich wünschte, ich hätte Goldstein besser verstanden."[12] Es ist wirklich nicht so leicht, die Gestaltpsychologie und ihre Gesetze richtig zu verstehen. Ich möchte trotzdem meine Sichtweise über die essentiellen Konzepte und die wichtigsten Begriffe, wie ich sie verstanden habe, darstellen.

2.3.2   Ursprung des Begriffes „Gestalt"

Ursprünglich stammt der Begriff der „Gestalt" aus der Gestaltpsychologie, die sich mit den Phänomenen der Wahrnehmung befasst. In der Gestalttherapie wird dieser Begriff auf den ganzen Organismus angewendet und orientiert sich dabei an der Gestalttheorie des Neurologen Kurt Goldstein. Seine Forschungsarbeiten und die ganzheitliche Theorie des Organismus wurden zu wichtigen Grundpfeilern der Gestalttherapie.

Goldstein zeigte, dass die ganzheitliche Betrachtungsweise nicht nur für den psychischen Bereich angemessen ist, sondern ebenso zu einem besseren Verständnis der Vorgänge im Körper führt.[13] Eine Behandlung sollte demnach gleichzeitig körperliche und psychische Vorgänge zu einer Ganzheit vereinen. Er legt so den Grundstein für die psychosomatische Medizin – jede Erkrankung und Heilung ist psychosomatischer Natur. Dies unterstreicht auch die integrativen Bemühungen in der Gestalttherapie, eine ganzheitliche Betrachtungsweise des Menschen und dessen Heilung zu erreichen.

---

[12] vgl. Laura Perls, 2005
[13] vgl. ausführlicher Walter, 1994, S.26f.

2.3.2.1 „Gestalt" und „Gestalten"

„Gestalt ist nicht nur ein Konzept, sondern etwas der Natur innewohnendes."
(Fritz Perls[14])

Was versteht man denn eigentlich unter „Gestalt" oder „Gestalten"? „Gestalt" ist ein Ganzheitsbegriff und meint ein sinnvoll organisiertes Ganzes. Eine Figur, ein Muster, die besondere Art, wie die vorhandenen Einzelelemente organisiert sind und ein sinnvolles „Eines" bilden.[15] So lässt sich „Gestalt" auch als eine Informationseinheit oder als Energiefeld auffassen. Nehmen wir dafür ein einfaches Beispiel: eine Melodie. Da nehmen wir die einzelnen Töne nicht als unzusammenhängende Bruchstücke wahr, sondern organisieren sie zu einem sinnvollen Ganzen. Aus dieser Melodie lässt sich auch eine Information oder Energie vermitteln, indem wir etwas Bestimmtes fühlen, an das uns die Melodie in diesem Moment erinnert.

Der Mensch ist demnach nicht einfach ein passiv Wahrnehmender dessen, was von seiner Umwelt auf ihn einströmt, sondern er strukturiert und ordnet seine eigene Wahrnehmung, welche sich als Figur abheben mag. Folgendes viel zitiertes Beispiel ist am anschaulichsten: Wenn jemand sehr hungrig auf eine Party geht, wird er zuerst das Essen entdecken. Wenn sich jemand verlieben möchte, werden zuerst die Objekte der Lust ins Auge stechen, bevor das Essen gesichtet wird.

Der folgende Aspekt der Gestalttheorie ist zentral für das Verständnis des ganzheitlichen Denkens: Das Ganze ist weit mehr als die Summe seiner Einzelteile. Auch Körper, Geist und Seele sind nicht einfach drei Einheiten, die nebeneinander existieren, sondern sie bedingen und beeinflussen sich gegenseitig. Diese Ganzheit ist nichts Statisches, sondern verändert sich permanent – genauso wie alles Leben sich stetig ändert und sich daher im Prozess befindet. Somit sind auch zwei Menschen, die sich lieben, mehr als nur zwei – sie gehen auf in der Liebe und werden eins.

---

[14] zit. in Bialy, 1998, S.142
[15] vgl. Perls, 1999, S.107

„Gestalt" lässt sich auch als eine Informationseinheit oder als ein Energiefeld auffassen.[16] Sie wird, z.B. durch aktuelles Interesse, aus dem Hintergrundfeld der vielen anderen Möglichkeiten hervorgeholt.

2.3.2.2 Offene Gestalt – unerledigtes Geschäft

In uns und auch in den Tieren ist es angelegt, „Gestalten" zu bilden, ebenso wie das Organismus/Umwelt-Feld als Ganzes nach Vervollständigung strebt. Es ist die natürliche Tendenz in Richtung Einfachheit der Form, wie auch die Tendenz unerledigter Situationen, sich zu vervollständigen. Die Tendenz zum Abschließen von Gestalten und zu ihrer Transformation zu immer komplexeren Einheiten wird übrigens auch ganz allgemein als ein evolutionäres Prinzip angenommen. Dieses Schließen und Transformieren von Gestalten ist eine allem Lebendigen innewohnende Tendenz.[17]

Ein zentrales Kennzeichen des gesunden Individuums ist der organische Rhythmus von Kontaktaufnahme zu Menschen und Dingen und dem Rückzug aus diesen Kontakten. Das „unfinished business" (unerledigte Geschäft) ist somit das Gegenteil von der „organismischen Selbstregulation", von dem Im-Fluss-Sein und Im-Gleichgewicht-Sein des gesamten Organismus. Unerledigte oder offene Gestalten wie z.B. ein Beziehungsabbruch ohne Aussprache, eine abgebrochene berufliche Laufbahn, eine abgewehrte Trauer etc. fixieren, blockieren, machen starr und halten fest. Sie brauchen Energie.[18] Ich stelle sie mir vor wie *unterirdische Bächlein* (fixierte Gestalten, derer man sich nicht bewusst ist), die unmerklich aber stetig immer ein wenig Wasser vom sichtbaren Fluss (die gesamte Lebensenergie) für sich selber abzweigen. Somit sprudelt der sichtbare Fluss immer weniger. Energieressourcen für neue adaptive Handlungsweisen gehen verloren. Es ist wichtig, diese unterirdischen Bächlein zu finden und sie zum Hauptstrom zurückzuleiten. Es geht darum, Gestalten zu erkennen, zu schließen und loszulassen – dies befreit und ermöglicht Neues.

---

[16] vgl. Hartmann-Kottek, 2004, S.49
[17] vgl. ausführlicher Sheldrake, 1993
[18] vgl. Hartmann-Kottek, 2004, S.49

Offene Gestalten zeigen sich immer wieder in unserem Leben, denn sie wollen gesehen und erkannt werden, um die Gestalt zu schließen und zu verabschieden. So wird man schließlich wieder frei, um sich mit ganzer Kraft, voll und ganz, wieder auf das Leben einzulassen, ohne die alten Verletzungen und Abbrüche wiederholen zu müssen.

Perls, Hefferline und Goodman nennen die ungesunde Regulation des Organismus auch „neurotische" Selbstregulation.[19] Der gesunde Kontakt-Rückzug-Rhythmus ist aus dem Takt gekommen. Diese Unterbrechungen oder Störungen im Kontaktzyklus werden in vier grundlegenden Mechanismen beschrieben: Introjektion, Projektion, Konfluenz und Retroflektion.[20] Unerledigte Geschäfte oder offene Gestalten und Blockierungen haben den Orientierungssinn gestört, der Neurotiker hat die Freiheit der Wahl verloren. Der Schlüssel, um offene Gestalten zu schließen, ist die Bewusstheit. Denn nur so kann die Person ihre eigenen Bedürfnisse und die Gegebenheiten der Situation wahrnehmen und angemessen reagieren.

2.3.2.3 Figur und Grund

Die Gestaltgesetze werden auch als Gesetze der „Tendenz zur guten Gestalt" bezeichnet. Diese Ordnungstendenz in der menschlichen Wahrnehmung ist die Fähigkeit zur Ausgliederung von Gestalten, die einfache Figur-Grund-Abhebung.[21]

Figur ist das, was sich in unserer Wahrnehmung in den Vordergrund drängt, was unserem aktuell unbefriedigten Bedürfnis entspricht. Grund meint die Umgebung, den Kontext, in dem die Figur aufsteigen kann. Das Wechselspiel zwischen Figur und Grund ist dynamisch. Was wir als Figur oder Grund wahrnehmen, ist eine Frage des Blickwinkels, den wir aktiv wählen. Der Hintergrund setzt sich aus der Gesamtheit der verschiedenen Einflüsse und Erfahrungen aus der persönlichen Lebensgeschichte zusammen.

Die Gestalttheorie hilft, den kreativen Prozess der Erschaffung der jeweiligen subjektiven Welten zu verstehen. Unsere bedürfnisgesteuerte

---

[19] Perls, Hefferline und Goodman, 2004, S.163
[20] vgl. ausführlicher Perls, 2002, S.43f., S.91f.
[21] vgl. Fuhr & Gremmler-Fuhr, 1995, S.48

Wahrnehmung holt sich durch Bedeutungszuweisung dasjenige aus der Vielfalt der Wirklichkeit in den Vordergrund, was dem Ausgleich der eigenen Unausgewogenheit entspricht. Es ist nicht so sehr der objektive Inhalt des Geschehens, der den stärksten Eindruck macht, sondern mehr die Beziehung, die ich dazu habe – den Zusammenhang, den ich darin sehe. Wofür ich mich besonders interessiere, rückt in den Vordergrund, alles andere wird Hintergrund. Wir geben der Wirklichkeit eine „Gestalt" aus unserem zentralen Interesse heraus.

Bei der Figur-Grund-Formation ändert sich die Situation, wenn das offene Bedürfnis des Organismus befriedigt ist. Wenn wieder Gleichgewicht besteht und sofern sich kein anderes Bedürfnis bemerkbar gemacht hat, wird das Wahrnehmungsspektrum der Welt wieder etwas weiter und subjektunabhängiger. Die Wirklichkeit wird eine andere, als sie es war, solange sie noch unausgeglichen war.[22]

2.3.2.4 Organismus/Umwelt-Feld und der Gestaltbildungsprozess

Während das Figur-Grund-Konzept Aussagen darüber zulässt, wie die Dynamik des Bewusstseins Wirklichkeiten erschafft, lenkt das Konstrukt vom Organismus/Umwelt-Feld unsere Aufmerksamkeit in selbstreflexiver Weise auf die Existenz des Organismus.[23]

Die Theorie des Sozialpsychologen Kurt Lewin überträgt den Begriff des Feldes aus der Physik in die Psychologie. In einem Feld interagieren soziokulturelle, sinnliche und physische Faktoren. Die Trennung zwischen Mensch und Umwelt wird aufgehoben und beide zusammen bilden Pole eines größeren Ganzen: das Mensch-Umwelt-Feld. Jeder Mensch ist Teil eines Umwelt-Feldes und wird davon beeinflusst, so wie er umgekehrt dieses Umwelt-Feld beeinflusst.[24] Diese dynamische Anpassung an eine immer neue Situation macht Wachstum und Entwicklung aus.

Der gesunde Mensch ist in der Lage herauszufinden, was er von der Umwelt benötigt, um diese Bedürfnisse auf eine wachstumsorientierte

---

[22] vgl. Fuhr & Gremmler-Fuhr, 1995, S.53f.
[23] vgl. Fuhr & Gremmler-Fuhr, 1995, S.65f.
[24] vgl. Yontef, 1999, S.139f.

Weise befriedigen zu können. Damit dieser Kreislauf von Bedürfnis und Befriedigung stattfinden kann, muss die Person sensorisch offen sein, um in der Gegenwart einen lebendigen Kontakt herzustellen und mit der Umwelt in Interaktion treten zu können.

Die Gestalttherapie sieht unser Erleben als eine ununterbrochene Folge von Figur-Grund-Bildungen. Diese Folge im Fluss unserer Wahrnehmungen kann gestört sein, wenn wir etwa Gedanken an Vergangenes, z.B. an unabgeschlossene Situationen, anhaften. Wenn dieser Prozess unterbrochen wird – von innen oder außen – dann kann keine neue starke Gestalt mehr in den Vordergrund treten. In der Therapie ist es das Ziel, diese „offenen Gestalten" aufzudecken, damit sie geschlossen werden können. Auf diese Art und Weise wird Energie frei, welche dann wieder frei fließen kann.

Das Ziel der Gestalttherapie ist das Kontinuum der Bewusstheit, eine sich frei entwickelnde und fortwährende Gestaltbildung, welche identisch mit dem Wachstumsprozess ist. Im Gestaltbildungsprozess tritt das, was für den Organismus am wichtigsten und interessantesten ist, in den Vordergrund. Dort kann damit gearbeitet werden, bis es vollständig erlebt und bewältigt ist und so wieder in den Hintergrund treten darf. Dadurch wird der Vordergrund wieder frei für die nächste Herausforderung, für die nächste Gestalt.[25]

Leslie Greenberg, Laura Rice und Robert Elliott fassen den Prozess des Gewahrwerdens oder der Gestaltbildung, der auch Kontaktzyklus genannt wird, klar und einfach zusammen: Die Person ist ständig bemüht, Kontakt zur Umgebung herzustellen, um ihr Bedürfnis zu erfüllen. Ist dies geschehen, löst sich die Figur-Grund-Gestalt auf und der Zustand organismischen Gleichgewichts wird wiederhergestellt.[26] Demnach ist das Gewahrsein von Emotionen für die Orientierung und Bedürfnisbefriedigung, wie auch die Funktionsfähigkeit des Organismus, besonders wichtig. Jeder Mensch reagiert demnach mit typischen Mustern auf seine Umwelt und bildet fortlaufend Gestalten im Sinne von typischen Gedanken, Gefühlen und Bedürfnissen gegenüber seiner Umwelt und sich selbst.

---

[25] Perls, 1997, S.112f.
[26] Greenberg, Rice und Elliott, 2003, S.78f.

2.3.2.5 Kontaktgrenze – Leben an der Grenze

Zwischen Organismus und Umwelt befindet sich die „Kontaktgrenze", die sowohl trennt als auch verbindet. Genau genommen bewegt sie sich im konkreten Kontakt des Organismus mit der Umwelt. Kontakt und Kontaktgrenze sind Prozesse, mit denen der Organismus, d.h. der einzelne Mensch, im Austausch mit der Umwelt sich erhält, bzw. Neues assimiliert und wächst.

Die Kontaktgrenze ist nicht starr – sie ist immer in Bewegung. An der Kontaktgrenze zwischen Organismus und seiner Umwelt finden die psychischen Ereignisse statt. Auf welche Art wir diese Grenze erleben und verarbeiten, wird durch unsere Persönlichkeit bestimmt. Im Kontakt fließen Bewusstheit, Bewegung, Handeln, Denken, Fühlen etc. und dienen der Orientierung im Feld.

Die Kontaktgrenze, wo sich die Erfahrung ereignet, umfängt und schützt den Organismus und berührt zur gleichen Zeit die Umwelt. Dort wo ich das Andere treffe, ist immer auch der Ort der Bewusstheit – dort ist Erfahrung.

Die Grenze ist ebenso der Ort, wo Berührung und gleichzeitig Trennung stattfindet. Sie ist die Zone der Erregung, des Interesses, der Neugier oder der Angst – der Ort, wo vorher nicht Wahrgenommenes oder undeutliches Erleben als Gestalt in den Vordergrund tritt. In der Gestalttherapie versucht man dem Klienten zu helfen, genau an dieser Grenze zu leben und nicht nur innerhalb der selbst gesetzten Grenzen zu bleiben.

Laura Perls beschreibt das Leben an der Grenze wie folgt: „Du stehst mit einem Fuß auf bekanntem und mit dem anderen auf unbekanntem Gebiet. Wenn es dir gelingt, deine Verlegenheit oder deine Angst zu akzeptieren, dann fängst du an, in Kontakt mit dem „Unbekannten", dem „Anderen" zu gehen. Und wenn du die Erfahrung zulässt, erweitert sich deine Grenze."[27]

---

[27] Laura Perls, 2005

2.3.3 Phänomenologie und das „Hier-und-Jetzt"

> „Dies ist der phänomenologische Ansatz, der den Akzent auf die Botschaften legt, die selbstverständlich sind, existentiell im ursprünglichen Sinn, die wir durch unsere Sinnesorgane aufnehmen. Durch das Sehen, Hören, Fühlen kommen wir zum Wissen; von dort bekommen wir die primären Informationen über uns selbst und unser Verhältnis zum Leben."
>
> (Fritz Perls[28])

Der phänomenologische Ansatz wurde von Edmund Husserl um 1900 begründet. Damals war das phänomenologische Vorgehen eine neuartige, deskriptive Methode.

Hartmann-Kottek fasst diese Sichtweise wie folgt zusammen: „... die Phänomenologie Husserls ist der Versuch oder die Methode, durch die intuitive Hingabe an das Objekt zu einer schlichten, unvoreingenommenen Schau der Wirklichkeit zu kommen."[29]

Das griechische Wort „phainomenon" bedeutet „das Erscheinende", „zum Vorschein kommen" und „sichtbar machen". Die Phänomenologie kann demnach als die „Lehre von den Erscheinungen" verstanden werden. Es ist die Untersuchung der Phänomene, der unmittelbar erlebten Erscheinungen oder Ereignisse. Unter Phänomenologie ist aber nicht einfach nur die Beschreibung der Dinge als Erscheinungen zu verstehen, sie ist vielmehr ein erkenntnistheoretisches Programm.

Der Weg von der Wahrnehmung zu der Erkenntnis vollzieht sich nach Husserl durch die „phänomenologische Reduktion"[30]. Dies bedeutet, es gibt das Vordergründige, das sichtbar und damit direkt beschreibbar ist. Aber da ist noch mehr. Durch die phänomenologische Schau kann ich mehr erfassen, als mir vordergründig erscheint. So kann ich mittels Aufmerksamkeit, Spüren und dank der eigenen Sinne erfassen, was das Phänomen im Kern darstellt. Durch mein phänomenologisches Hinschauen kann ich vom „Scheinenden zum Wesentlichen" und damit zum „Sein" kommen.

---

[28] zit. in Bialy, 1998, S.293
[29] Hartmann-Kottek, 2004, S.116
[30] vgl. ausführlicher Blankertz & Doubrawa, 2005a

„Du brauchst keine Interpretationen. Du gehst einfach mit dem Offensichtlichen oder mit dem, was dem Klienten unmittelbar gezeigt werden kann. Du beginnst mit dem, was da ist, nicht mit dem, was nicht da ist."
(Laura Perls, 1997, S.115)

Zusammenfassend ist dieses phänomenologische Hinschauen ein Zurückgehen auf das unmittelbar Erleb- und Wahrnehmbare, unabhängig von sämtlichen theoretischen Vorwissen, Ideen und Modellen – ein Hinschauen auf dasjenige, was sich einem zeigt. In der Phänomenologie geht es somit darum, Vorwissen zurück zu nehmen.

Die Gestalttherapie ist somit ein „existentiell-phänomenologischer Ansatz und als solcher erfahrungsbezogen und experimentell"[31]. Der Weg, den die Gestalttherapie vorschlägt, besteht darin sich mit dem „Wie" des Berichtens zu beschäftigen und nicht so sehr mit dem „Was". Denn jedes „Darüber-Reden" würde sich wie ein Vorhang zwischen den Erlebenden und seine Wirklichkeit schieben. Dies würde also seinen unmittelbaren Kontakt unterbrechen oder verschleiern. Es ist aber gerade diese unmittelbare Erfahrung des Seins, die haltgebend und korrigierend ist.

Unter der phänomenologischen Sichtweise verstehe ich auch die Haltung des Gestalttherapeuten, dass er im Dialog möglichst nahe an dem Phänomen, welches sich gerade den Sinnen zeigt, bleibt und diesem ohne Wertung oder Urteil folgt – sogar ohne die Absicht zu erkennen oder zu helfen. Es ist die Konzentration auf das direkt Beobachtbare, auf das Offensichtliche, das im Hier-und-Jetzt der Situation direkt beschreibbar ist. Das phänomenologische Vorgehen ist somit immer auch ein vorläufiges, d.h. ein immer wieder erneutes offenes Hinschauen, denn das Wesentliche ist nichts Starres, sondern etwas Bewegliches. Es geht darum, jedes Mal neu zu schauen, was in dieser einzigartigen Situation für diesen individuellen Menschen gerade das Wesentliche ist.

---

[31] Perls, 1999, S.93

„Hier-und-Jetzt" – Gegenwartsbezogenheit ohne Bewertung

„Es gibt etwas, was man nur an einem einzigen Ort in der Welt finden kann.
Es ist ein großer Schatz; man kann ihn die Erfüllung des Daseins nennen.
Und der Ort, an dem dieser Schatz zu finden ist, ist der Ort, wo man steht."
(Martin Buber[32])

Das „Hier-und-Jetzt" ist das Schlagwort der Gestalttherapie. Nach Blankertz richtet sich das Hier-und-Jetzt historisch gesehen gegen zwei Strömungen der 50er Jahre: Zum einen gegen die analytische Methode, die den Klienten vom gegenwärtigen Leiden in seine tiefste Vergangenheit führt und zum anderen gegen die behavioristische Vorstellung, aktuelles Verhalten sei auf ein System von konditionierten Reaktionen zurückzuführen.[33]

Ein ganzheitliches Denken zeigt sich in der Gestalttherapie auch im Umgang mit der Polarität von Vergangenheit und Zukunft. Die Gegenwart liegt in der Mitte und alle drei zusammen bilden eine Ganzheit im Hier-und-Jetzt. So sind Vergangenheit und Zukunft der Kontext, in dem ein aktuelles Verhalten steht. Oder in der Sprache der Gestalttherapie: Vergangenheit und Zukunft bilden den Hintergrund, vor dem sich die Figur gerade abhebt.

Alles was wichtig ist, ist in der Gegenwart vorhanden. Was aus der Vergangenheit wichtig war, erscheint in der Gegenwart. Daher kann immer von der Gegenwart ausgegangen werden. Die Vergangenheit wird in der Therapie durchaus intensiv bearbeitet, aber immer in Bezug auf ihre Bedeutung im Jetzt.

Das A und O in der Gestalttherapie ist demnach das Prinzip des Hier-und-Jetzt. Die gegenwärtige Situation, auch die zwischen Klient und Therapeut, ist der Ort der Veränderung, an dem die Vergangenheit und Zukunft ins Spiel kommen – zum Beispiel als Erinnerung oder Vision.

Um das bewusste Erleben im Jetzt zu fördern, können dem Klienten Anfangsformulierungen zur Hilfe gegeben werden: „Hier und jetzt bin ich …", „Jetzt merke ich gerade …" oder „Dabei fühle ich mich …".

---

[32] zit. in Liesenfeld, S.96, 2006
[33] Blankertz, 2000, S.53

Diese sollen frei fließend und ohne jegliche Bewertung ausgesprochen werden.

Laura Perls formuliert dies in ihren Worten: „Du nimmst das, was da ist und du nimmst es so wie es ist, was immer auch daraus werden mag. Und all die Erinnerungen, die auftauchen, wenn man den Fokus darauf legt, werden in diese Gegenwart mit hineingenommen und als unerledigte Erfahrung betrachtet, die hier und jetzt vollendet werden kann."[34]

Eine meiner Klientinnen, 40 Jahre alt, leidet seit ihrem 16. Lebensjahr an Bulimie. Sie konnte diese befreiende Erfahrung des im Hier-und-Jetzt-Seins als Ausgangspunkt nehmen, um von jetzt an anders mit sich umgehen zu können

Während sie im Hier-und-Jetzt erzählte, konnte sie die automatischen Gedanken, Verhaltens- und Gefühlsweisen bewusst wahrnehmen und diese überhaupt einmal erkennen. Durch dieses Erzählen im Jetzt konnte Bewusstheit folgendermaßen in ihr Erleben kommen:

„...das, was er sagt, verletzt mich. Eigentlich macht es mich wütend. Ich spüre die Wut hier im Bauch – da kribbelt es und wird nicht mehr still. Ich kann es nicht stoppen. Ich merke, dass ich mich jetzt nicht getraue, ihm zu sagen, dass ich dies nicht gut finde. Ja, jetzt kommt Angst, dass ich ihn mit meinen Worten so verletzen könnte und er mich daraufhin verlässt. Ich werde jetzt traurig und sage lieber nichts, damit es nicht schlimmer wird. In solchen Situationen drehe ich mich weg und gehe automatisch zum Kühlschrank. Ich stopfe alles, was ich in die Finger bekomme, möglichst schnell in mich hinein. Ich werde ruhiger, fühle mich getröstet. Fühle mich geborgen und nicht mehr alleine...jetzt wird mir unwohl, schlecht, übel, ...ich will nur noch brechen. Spüre auch Angst, ich könnte zunehmen..."

Nach dieser Erfahrung konnte sie traurig und erleichtert sagen: „Jetzt ist es an mir, einen neuen Weg zu gehen und zu üben, wie ich das, was mich ärgert, sagen und ausdrücken kann – ohne

---

[34] Laura Perls, 1997, S.113

dass ich mich mit Essen vollstopfe und mich danach übergebe.
Denn mit dem Brechen bestrafe ich mich ja nur selber und am
Ende bleibe ich doch leer und einsam zurück. "

Dieser letzte Satz zeigt schön, dass es an uns liegt, selbstverantwortlich zu sein und die Verantwortung nicht an andere oder die Umgebung abzugeben. Wir selbst entscheiden, welche Art von Kontakt wir wählen, weil wir damit auch die daraus entstehenden Konsequenzen (er)tragen dürfen. Wir haben an jedem Punkt (im Hier-und-Jetzt) verschiedene Wege zur Auswahl und können uns für den entscheiden, welchen wir auch verantwortungsbewusst gehen wollen. Wenn wir uns bewusst sind, was wir gerade tun, können wir es auch ändern, sofern wir das wollen.

2.3.4 Holismus – Ganzheitlichkeit – organismische Selbstregulation

Der Begriff „Gestalt" kann nicht nur aus gestaltpsychologischer Sicht betrachtet werden, sondern auch aus der Tradition des Holismus. Der Schriftsteller-Philosoph und Politiker Jan Christian Smuts, mit dem Fritz und Laura Perls auch persönliche Begegnungen hatten, hat beide mit seinen Gedanken zu „Holism and Evolution" (erschienen 1926) sehr beeinflusst. Der Holismus Smuts` weist auf die Vernetzung aller sozialen und naturgegebenen Lebensräume hin, nicht nur im Äußeren, sondern auch in der inneren Welt. Smuts stellte unter anderem den Holismus als ganzheitliche Weltanschauung dar. Weiter führt Hartmann-Kottek an, dass der Holismus zum Gedanken der selbstorganisatorischen Kompetenz des Organismus, zur „Weisheit des Organismus" führen kann.[35] Die organismische Selbstregulation beinhaltet auch die Einbindung in das gesamte Netzwerk der Natur. Fritz Perls identifizierte sich stark mit Smuts` Holismus.

Unter „organismischer Selbstregulation" versteht man eine uns allen innewohnende natürliche Fähigkeit, unsere Bedürfnisse wahrzunehmen und die notwendigen Schritte einzuleiten, um diese Bedürfnisse zu befriedigen. Das geschieht ohne besondere Bewusstheit. Die

---

[35] Hartmann-Kottek, 2004, S.49f.

Gestalttherapie betrachtet die Selbstheilungskräfte als Teil der „organismischen Selbstregulation".

Bruno-Paul de Roeck beschreibt diese Regulation einfach und in schönen Worten: „Jeder Mensch ist eine Art kleine, geordnete Welt, welche die Tendenz in sich hat, für sich selbst zu sorgen. Eine Einheit, einen „Organismus" könnte man es nennen, der aus verschiedenen Organen und Funktionen besteht, die alle ihren eigenen Stellenwert im Ganzen haben. Dieser Organismus ist ständig damit beschäftigt, aus- und abzustoßen, was hinderlich oder überflüssig ist (z.b. Unverdauliches) und um aufzufüllen, wo Mangel herrscht (z.b. Sauerstoff, Wärme, Anerkennung, …)."[36]

Der Prozess der „organismischen Selbstregulation" ist Gesundheit. Im Menschen ist alles angelegt, was er braucht. Er ist in diesem Sinne vollständig und ganz. Vieles ging im Laufe der Sozialisation wieder verloren, wurde zugeschüttet oder es verkümmerte, da es nicht beachtet wurde. Störungen dieses Prozesses werden in der Gestalttherapie als neurotische Kontaktstörungen behandelt.[37]

2.3.5   Laotse und das „Tao te king"

> „Wen der Himmel retten will, den schützt er durch die Liebe."
> (Laotse, 2005, S.80)

Laotse, ein legendärer chinesischer Philosoph, soll um das 6. Jahrhundert vor Christus gelebt haben. Er gilt als Begründer des Daoismus (von „dao", der Weg). Der Daoismus war ursprünglich eine chinesische Philosophie, die sich später zu einer Volks-Religion entwickelt hat. Das vor rund dreitausend Jahren entstandene Buch „Daodejing", besser bekannt als „Tao te king" (das Buch vom Sinn und Leben) wird Laotse zugeschrieben. Sein Vermächtnis enthält gerade mal 81 Verse und ist in seiner Kürze ein unerschöpfliches Weisheitenbuch.

---

[36] Bruno-Paul de Roeck, 2002, S.19
[37] vgl. ausführlicher Blankertz, 2000, S.76f.

Das „dao", als das zentrale Element dieser Lehre, ist am ehesten als ein umfassendes Weltprinzip zu verstehen, das dem Menschen nicht rein rational zugänglich ist. Es ist diese unbewusste Intelligenz des gesamten Organismus, die dem Körper innewohnende Weisheit.[38] Der Mensch soll dieses Prinzip möglichst wenig durch bewusstes Handeln und Streben stören, sondern in mystisch-intuitiver Weise im Einklang mit diesem Gesetz leben. Dabei spielt der Grundsatz des „Handelns durch Nichthandeln" (wie wu wie) eine entscheidende Rolle.

Das „wu wie" ist somit ein wichtiger Begriff bei Laotse. Es ist das Prinzip vom „Nichthandeln" bzw. „Ohne-Tun". Damit ist aber nicht Trägheit oder äußere Passivität gemeint, sondern es bedeutet „nicht zwingen", offen sein für alles – wahrnehmend und nicht voreingenommen sein. „Wu wie" ist ein Lernen, das uns langsam verstehen lässt, was oder wer wir sind. Aus diesem Verständnis entsteht eine völlig neue Art des Handelns – durch Nichteingreifen und Geschehenlassen. Es ist die Fähigkeit, das Steuer des Lebens jener Macht zu überlassen, die eine Dimension von uns selbst ist und die Laotse einst das „Tao" genannt hat.

„Nichthandeln" bedeutet, dass der Mensch nichts tun sollte, was dem natürlichen Weg zuwiderläuft. Der Schwerpunkt des chinesischen Denkens liegt in der Rückkehr des Individuums und der Gesellschaft zu der ursprünglichen Einheit, welche in westlicher Sprache durch das Paradies oder das Reich Gottes dargestellt wird.

> „Sein und Nichtsein erzeugen einander.
> Schwierig und Leicht stützen einander.
> Lang und Kurz gestalten einander.
> Hoch und Tief sind abhängig voneinander.
> Vorher und nachher folgen einander.
> Daher handelt der Berufene:
> Er verweilt im Wirken ohne Handeln.
> Er lehrt, ohne irgendetwas zu sagen.
> Die Dinge erscheinen, und er lässt sie kommen;
> die Dinge verschwinden, und er lässt sie gehen."
> (Laotse, 2005, S.10)

---

[38] vgl. Kapitel 2.3.3

Laotse und seine weisen Texte über die Natur, dem Streben nach dem Ausgleich der Pole und dem Umkreisen der nicht benennbaren, übergeordneten Mitte sind für mich mitunter die wichtigsten Wurzeln der Gestalttherapie und decken sich sehr mit dem schamanischen Denken. Fritz Perls zitierte vor allem in seinen späteren Jahren häufig Weisheiten von Laotse.

2.3.5.1 Bewusstheit – Awareness – Gewahrsein

> „Gewahrsein. Wahrnehmen. Das ist Gestalt. Es ist auch Gestalt.
> Und indianisch – auf die alte, ursprüngliche Weise, die es kaum noch gibt."
> (Barry Stevens, 2000, S.21)

Bewusstheit (Gewahrsein, englisch „awareness") bedeutet in der Gestalttherapie eine Form des Wahrnehmens und Erfahrens. Bewusstheit beschreibt den Prozess eines aufmerksamen Schauens, eines wachen Kontaktes mit dem, was im Hier-und-Jetzt ist und wie wir es erleben. Bewusstheit meint Gewahrsein für unser Innen und unser Außen, für körperliche Empfindungen und Gefühle und für Bezogenheit im Feld des Miteinanders.

Bewusstheit bedeutet letztendlich, dass wir uns auf das, was uns sinnlich und mental beschäftigt, einlassen und nicht, dass wir über eine Erfahrung oder ein Problem nachdenken sollen. Der bereits zitierte Satz „Lose your mind and come to your senses."[39], ist eine Einladung, nicht jede Wahrnehmung sofort zu analysieren, zu bedenken oder zu interpretieren. Es ist vielmehr eine Einladung zu Awareness, zu einem bewussten, ganzheitlichen Erspüren ohne Bewertung. Dies entspricht dem „leeren Geist" der östlichen Philosophie, dem „wu wei".

Im Mittelpunkt der gestalttherapeutischen Methode steht für den Therapeuten die Entwicklung und Verfeinerung des Gewahrseins aller gerade vorhandenen und zugänglichen Gefühle, Empfindungen und Verhaltensweisen des Klienten. Bewusstheit basiert auf Prozessen des Wahrnehmens und des Erlebens, deshalb kann Bewusstheit nur in der Gegenwart stattfinden.

---

[39] Perls F., 1992, S.117

Die Förderung und Herstellung von Bewusstheit spielt deswegen in der Gestalttherapie eine herausragende Rolle. „Bewusstheit per se – durch und aus sich selbst heraus – kann heilsam sein."[40] Die Bewusstmachung unerwünschter Gefühle und die Fähigkeit, sie zu ertragen, scheinen Grundvoraussetzungen für eine erfolgreiche Behandlung zu sein.

> „Das andere Ziel ist die Zunahme der Bewusstheit, und zur Erlangung dieses Ziels gehört die Bereitschaft, emotionale Schmerzen und Leiden zu ertragen."
> (Hunter Beaumont, 2007)

Bewusstheit bezeichnet einen besonderen Zustand. Den meisten Menschen fällt es gewöhnlich schwer, sich ganz ihres eigenen Zustandes und ihrer Umwelt bewusst zu sein. Sie flüchten aus dem Zustand der Bewusstheit, um unangenehme Gedanken und Gefühle zu vermeiden. Denn das Erlangen von Bewusstheit für die unerfüllten Bedürfnisse ist schmerzhaft und wird deshalb gewöhnlich vermieden. Dadurch behindern sie ihr inneres Wachstum und unterbrechen den Fluss des Gewahrseins. Anstatt sich bewusst zu sein, verleugnen sie sich selbst, ja manipulieren sich und auch andere. Mangel an Bewusstheit ist Unehrlichkeit mit sich selbst. Das möchte die Seele nicht, sie leidet. Bewusstheit zu erlangen, bedeutet, sich selbst anzunehmen und die Voraussetzung dafür zu schaffen, im Rahmen unserer Möglichkeiten etwas zu verändern. Der Schlüssel zur Selbstverwirklichung ist die Bewusstheit, das Gewahrsein. Nur wenn ich spüre, was ich brauche, kann ich dem auch nachgehen.

Das Wesentliche an Bewusstheit ist für mich folgendes: Bewusstheit bezieht sich in jedem Fall auf die gegenwärtige Erfahrung, nicht auf Vergangenes oder Zukünftiges, außer, die Erinnerung daran oder die Vorstellung davon sind gegenwärtig präsent.

2.3.5.2 Förderung von Bewusstheit und das Gewahrseins- kontinuum

In der Therapie ist es die Aufgabe des Therapeuten, die Klienten dabei zu unterstützen, einen ehrlichen Blick auf sich selbst wagen zu

---

[40] Perls F., 1976, S.25

können. Der Therapeut versucht die Bewusstheit für das, was der Klient gerade tut, zu erhöhen. Diese Bewusstheit befähigt den Klienten, seine Probleme selbst zu lösen. Gestalttherapie kann helfen, die Aufmerksamkeit des Klienten so zu lenken, dass er entdeckt, was ihm fehlt und was er wirklich benötigt.

Die Technik, mit der ein Prozess angeregt wird, in dessen Verlauf der Klient zunehmende Bewusstheit erlangt, wird in der Gestalttherapie „Bewusstheitstechnik"[41] genannt. Dabei handelt es sich um einen Dialog, in dem konsequent fünf verschiedene „Bewusstheitsfragen" gestellt werden: „Was tust du?", „Was fühlst du?", „Was möchtest du?", „Was vermeidest du?" und „Was erwartest Du?"

Diese Fragen helfen dem Klienten, sich mit seinem „Hier-und-Jetzt" zu beschäftigen. Was auch immer er tut, denkt oder fühlt, er lernt es bewusst zu tun, bewusst zu denken oder bewusst zu fühlen. Daraus entsteht Bewusstheit, mit welcher der Mensch in seiner Ganzheit mit sich und anderen in Kontakt stehen kann. Der erlebte, wache Kontakt des Menschen ist ein Zusammenspiel mit dem Körper mit all seinen Sinnen und mit der Umwelt. Je mehr Bewusstheit der Klient für sich selbst entwickelt, desto besser kann er sich im Kontakt mit anderen Menschen orientieren. Er kann lebendig reagieren, weil er gelernt hat, auszudrücken was ist, anstatt rigide Muster abzuspielen.

Ist dem Menschen Bewusstheit auf den verschiedenen Ebenen nicht möglich, dann fehlt meist die Verankerung im Hier-und-Jetzt. Vorherrschend sind dann Fixierungen in der Vergangenheit und/oder die Beschäftigung mit der Zukunft (Gedanken, Sorgen, u.ä.). Mit Hilfe des „Gewahrseinskontinuums" (im Hier-und-Jetzt bleiben) und der zuvor beschriebenen fünf „Bewusstheitsfragen" kann man versuchen, wieder in Einklang mit sich selbst und mit seiner Ganzheit zu kommen. Vergangenheit und Zukunft werden dabei nicht negiert; sie kommen in „offenen Gestalten" in der Gegenwart solange zum Vorschein, bis die „Gestalt" geschlossen ist.

Das „Gewahrseinskontinuum" hat somit zwei wichtige Bedeutungen. Es wird einmal verwendet, um den Fluss der Vordergrundinformation zu beschreiben, welche die Struktur jedes bewussten Prozesses

---

[41] Perls, 2002, S.93

beinhaltet. Zum anderen führt es zu einer (in der Therapie) zu entwickelnden und anzuwendenden Fertigkeit. Auf dieselbe Art und Weise wie psychoanalytische Patienten frei zu assoziieren lernen und Hypnosepatienten üben in Trance zu gehen, lernen Gestaltklienten das Gewahrseinskontinuum für sich zu nutzen.

2.3.5.3 Das Paradoxon der Veränderung

Die „Paradoxe Theorie der Veränderung" ist ein zentrales Konzept in der Gestalttherapie, welches auf der Bewusstheit aufbaut.

Oft ist es so, dass sobald man sagt: „Ich möchte mich ändern.", innerlich eine Gegenkraft erzeugt wird, die einen von der Veränderung abhält. Änderungen finden aber von selbst statt. Wenn jemand etwas ändern möchte, dann muss er zuerst aufgeben etwas ändern zu wollen. Indem man tiefer in sich hineingeht, in das, was man ist – wenn man annimmt, was da vorhanden ist, dann ereignet sich der Wandel von selbst. Demzufolge kommt erst durch das Aufgeben des Veränderungswunsches der natürliche Wachstums- und Veränderungsprozess in Gang, indem man durch Bewusstheit, Kontakt und Assimilation hindurch geht. Das ist das Paradoxon des Wandels. Das Prinzip meint nichts anderes als: „Veränderung geschieht, wenn jemand wird, was er ist, nicht wenn er versucht, etwas zu werden, das er nicht ist."[42]

Die Idee der „Paradoxen Theorie der Veränderung" ist, dass in jedem von uns die Ressourcen und Kompetenzen zu Selbstverwirklichung und Wachstum bereits vorhanden sind. Man muss dem natürlichen Prozess der Selbstregulation nur freien Lauf lassen.[43]

Für den Therapeuten kann dies bedeuten, dass er der Krankheit eines Menschen mit Respekt begegnet, anstatt unbedingt einen Wandel bewirken zu wollen. Somit kann der Klient derjenige sein, der er ist. Durch die bloße Erfahrung des Seins kann er erfahren, dass er nichts anzustreben braucht, was er nicht ist.

Veränderung kann also entstehen, wenn der Klient (zumindest für einen Moment) aufgibt, anders werden zu wollen und stattdessen versucht zu sein, was er ist. Dies beruht auf der Prämisse, dass man

---

[42] Beisser, 1997, S.139
[43] vgl. Kapitel 2.2 und Kapitel 2.3.3

festen Boden unter den Füssen braucht, um einen Schritt vorwärts zu machen und dass es schwierig oder gar unmöglich ist, sich ohne diesen Boden fortzubewegen.

2.3.6 Existenzialismus und Martin Bubers „Ich-Du" in der Gestalttherapie

Len Bergantino beschreibt den existentiellen Augenblick als eine Begegnung von Wesen zu Wesen, als heilende Berührung, die tiefe Gefühle auslöst – und zwar sowohl beim Klienten, als auch beim Therapeuten.[44] Bergantino weist darauf hin, dass diesen „existentiellen Augenblicken" eine spirituelle Dimension eigen ist.[45] Viele Menschen wissen um die Erfahrung spiritueller Momente und somit der Aufhebung des Getrenntseins: Momente der Verbundenheit, des Dazugehörens, Momente des Heilseins und des Ganzseins.

Ein wichtiger Vertreter des Existenzialismus war Martin Buber. An den Grundsätzen der „dialogischen Haltung" des jüdischen Sozialphilosophen Martin Buber orientiert sich die „Dialogische Gestalttherapie". Sie kann als therapeutische Beziehung verstanden werden. Das „dialogische Prinzip", wie Martin Buber seine zeitlose Schrift der Ich-Du-Begegnung nannte, lässt sich kaum in Worte fassen, denn es ist kein greifbarer Zustand. Das Dialogische ist eine ganz andere Sicht der Welt. Die Begegnung von Mensch zu Mensch – von Seele zu Seele – rückt in den Mittelpunkt unseres Seins.

Martin Buber unterscheidet zwischen dem Handeln aus einer sogenannten Ich-Es-Haltung („sachlich", auf ein Objekt bezogen, auch wenn das Gegenüber ein Mensch ist) und dem Handeln aus einer sogenannten Ich-Du-Haltung heraus. Dies ist eine Haltung der Offenheit, eine Hinwendung zum anderen Menschen auf gleicher Ebene, bei der die Person in ihrer Einzigartigkeit wertgeschätzt wird, ohne dass damit ein Zweck verfolgt wird.

Ein zentraler Nährboden in den Ansichten Martin Bubers ist der Chassidismus, d.h. der Glaube, dass der Mensch die Schöpfung Gottes

---

[44] vgl. Bergantino, 1992
[45] zit. in Doubrawa, 2002, S.11

41

verwirklicht, indem er das wird, was zu werden ihm bestimmt ist und nicht einem Bild oder einer Vorstellung von sich nachstrebt.[46] Fritz Perls war einerseits zutiefst von dieser Ich-Du- (bzw. I-Thou-) Beziehungsqualität angesprochen. Er sah darin eine heilsame therapeutische Begegnung. Da Fritz Perls andererseits aber an seinem atheistischen Weltbild festhielt, konnte er Martin Buber leider nicht in dessen chassidische Tradition nachfolgen.[47]

Martin Buber hat die seelische Verbindung zwischen Menschen das „Zwischen" genannt. Dieses „Zwischen" ist mehr als nur die Summe der anwesenden Personen. Das „Zwischen" hat eine eher spirituelle Qualität.[48] In einer wirklichen Begegnung wird ein übergeordneter Zwischenraum eröffnet, in dessen „Wir" beide gehalten sind und aneinander reifen. Dies meint „Heilung durch Begegnung". Wenn sich Menschen vorbehaltlos und angstfrei in Ich-Du-Beziehungen begegnen, bekommt dieser Kontakt, diese Seelenbegegnung, eine besonders heilende Kraft.

Stephen Schoen schreibt Bubers „Ich-Du" einen interpersonellen Mystizismus zu. Das Prinzip ist transzendent, zugleich aber weltlich und konkret. „Es erscheint in tiefgründig offenen, persönlichen Beziehungen; und es bildet untrüglich den geheiligten Grund, in dem Psychotherapie wurzelt."[49]

Die Grundhaltung in der Gestalttherapie

Die Haltung in der Gestalttherapie im Sinne Martin Bubers ist eine „existentielle Begegnung". Für eine erfolgreiche therapeutische Arbeit ist diese spezielle Art der Beziehung grundlegend. Die Qualität der therapeutischen Beziehung, die Tiefe des Kontaktes im gegenwärtigen Augenblick, ist für mich die „Ich-Du-Haltung", wie Buber sie beschreibt. Sich einem Menschen als „Du" hinwenden, bedeutet für mich, die innere Kraft des Klienten zu stärken, indem ich mit ihr gehe. Durch diese spezielle Art der Begegnung steigert sich die Bewusstheit, das Gewahrsein und mein Gegenüber kann wieder wachsen.

---

[46] vgl. Portele, 1992, S.49
[47] vgl. Hartmann-Kottek, 2004, S.45
[48] vgl. Doubrawa, 2002, S.22
[49] Stephen Schoen, 1996, S.13

Die Haltung des Mitgehens verlangt Vertrauen in das, was auftaucht. Dies bedeutet auch: „die Selbstkontrolle aufzugeben, um das Entstehen einer größeren Gestalt zu ermöglichen."[50] Oft werden die angehenden Therapeuten in unserer Gesellschaft leider nicht dafür ausgebildet, dem „Sein" zu vertrauen und ihm mutig entgegen zu gehen. Es ist keine leichte Aufgabe, die Kunst des Antwortens auf das „Zwischen" zu lernen, bei der die subjektiven und die objektiven Dimensionen verschmelzen.[51]

Martin Buber betont, nur wenn man selbst ganz, eins und anders ist, kann man den anderen in seiner Ganzheit, Einheit und Andersheit in Liebe bestätigen – mit voller Hingabe, durch Nicht-Handeln[52], aus Respekt gegenüber der Autonomie.

2.4 Techniken in der Gestalttherapie

> „Gestalttherapie bietet einen philosophischen Bezugsrahmen, innerhalb dessen verschiedenste therapeutische Techniken angewendet werden können.
> Existential, experiental, experimental."
> (Laura Perls, 1999, S.177)

Die unterschiedlichen verbalen und nonverbalen Techniken und Methoden der Gestalttherapie stehen nie im Vordergrund. Wesentlich ist die Begegnung zwischen Klient und Therapeut und die dialogische Haltung des Therapeuten. Für Laura Perls war die dialogische Haltung in der Therapie im Hinblick auf die Verwendung von Techniken besonders wichtig.

Die in der Gestalttherapie hilfreichen Interventionen können auch mit Laotses „wu wei" (Nicht-Tun, Respekt vor der Selbststeuerungs-kapazität) verglichen werden. Dies bedeutet „die innere Kraft des Klienten dadurch zu stärken, indem wir mit ihr „mitgehen", ungeachtet dessen, wo und wie der Klient gelernt haben mag, sie zu unterbrechen und zu blockieren."[53]

---

[50] vgl. Hycner, 2003, S.90
[51] vgl. Blankertz & Doubrawa, 2005b
[52] vgl. Kapitel 2.3.4
[53] Stephen Schoen, 1996, S.16

Techniken, die mit der Gestalttherapie eng verbunden sind, können auf vielfältigste Art in eine Ordnung gebracht werden. Ich wähle hier die einfache Einteilung der Techniken in drei Gruppen.[54] Die *erste Gruppe* von Gestalttechniken will den Klienten in seinem Gewahrsein (seiner Wahrnehmungsfähigkeit des Hier-und-Jetzt, der Gegenwart) stärken. Die *zweite Gruppe* von Gestalttechniken ist darauf gerichtet, den Klienten bei der Reintegration abgespaltener Anteile seiner Persönlichkeit zu unterstützen und die *dritte Gruppe* von Gestalt- techniken will dazu beitragen, dass der Klient seine Handlungs- möglichkeiten vergrößern und erweitern kann.

In diesem Buch möchte ich auf zwei verschiedene Stuhltechniken, die zur oben beschriebenen zweiten Gruppe der Gestalttechniken gehören, eingehen. Diese werden im praktischen Teil des Buches wichtig, wenn es um die Lehre des Medizinrades in der gestalttherapeutischen Praxis geht.[55]

Greenberg, Rice und Elliott konnten in ihren Forschungsarbeiten zeigen, wie hochwirksam die emotionsaktivierenden Techniken sind, zu denen diese verschiedenen Formen der Stuhlarbeiten gezählt werden können.[56]

2.4.1   Die Stuhl-Technik – Dialog mit inneren Anteilen

Die Gestalttherapie versucht die Identifikation des Klienten mit verleugneten oder abgespaltenen Selbst-Anteilen, also die Differenzie- rung sowie die spätere Integration konträrer Teile in ein harmonisches Ganzes, zu fördern.[57] In dem Bemühen nach Integration wird der Klient mit seinen inneren Spaltungen und Unterbrechungen konfrontiert. Dies ist sozusagen eine interpersonale Begegnung.

Der sogenannte innere Dialog oder auch die gestalttherapeutische Inszenierung genannt, unter Verwendung von Stühlen (es können auch andere Gegenstände verwendet werden), zählt zu den bekanntesten Interventionsformen der Gestalttherapie. Der „leere oder heiße Stuhl"

---

[54] vgl. Blankertz & Doubrawa, 2005c
[55] vgl. Kapitel 7
[56] vgl. Greenberg, Rice und Elliott, 2003
[57] Greenberg et al., 2003, S.79

ist dabei Mittel zur Identifikation. Wahrscheinlich geht diese Anwendung auf Moreno zurück, der in seinen „Psychodramen" ähnliche Techniken verwendet hatte.

Greenberg et al.[58] sowie Staemmler[59] haben verschiedene Funktionen des Stuhldialogs, wie dieser im Allgemeinen ablaufen könnte, herausgearbeitet. Dieser Ablauf kann in *drei Phasen* zusammengefasst werden.

Die erste Phase ist die *Gegensatzphase*:

- Trennung der gegensätzlichen Aspekte und Herstellen von Kontakt zwischen ihnen
- Verantwortlichkeit des Klienten für die Positionen fördern.

Die zweite Phase – *Phase des Kontaktes* – beinhaltet:

- die Förderung des Gewahrseins (automatisch aktiv werdender Selbstkritik und das Erkennen von Wünschen und Bedürfnissen)
- Intensivierung der Erfahrung

In der dritten – der *Integrationsphase* – sind wichtig:

- Förderung des Ausdrucks
- Förderung des Aushandelns und Vereinbarens oder der Integration

Ein möglicher praktischer Ablauf eines Stuhldialoges mit inneren Anteilen könnte folgendermaßen aussehen. Mit Hilfe der Stuhldialog-Technik werden innere Erlebnisqualitäten (voneinander entfremdete Selbstanteile, z.B. Gefühle) des Klienten äußerlich inszeniert. Diese werden konkretisiert, indem die Gefühle, aus denen sie bestehen, identifiziert werden. Zum Beispiel könnte ein solches inneres Erleben aus „Liebe" und „Wut" gegenüber einer bestimmten Person bestehen.

Sind beide Gefühle identifiziert worden, werden sie räumlich getrennt lokalisiert, indem sie der Klient verschiedenen Stühlen zuordnet. Der Klient kann die Position der Stühle im Raum und die Distanz zwischen diesen Anteilen sorgfältig wählen, bis es sich für ihn passend anfühlt.

---

[58] Greenberg et al., 2003, S.253f.
[59] Staemmler, 1995, S.55f.

Beim Herstellen von Kontakt zwischen diesen Gefühlen (Selbstanteilen), im sogenannten Selbstgespräch oder Dialog, identifiziert sich der Klient zuerst mit dem Gefühl, das für ihn im Hier-und-Jetzt am meisten Energie und Kraft hat. Er setzt sich auf den entsprechenden Stuhl und beginnt sich mit diesem Gefühl, z.B. der „Wut", zu identifizieren. Der Gestalttherapeut kann bei der Identifizierung mit dem Gefühl helfen: „Welche Körperhaltung passt zu diesem Gefühl?", „Wie fühlt es sich jetzt an?", „Erzähl mir mehr von dir (spricht zur „Wut"): Wer bist du, was kannst du?". Erst wenn der Klient wirklich in diesem Gefühl ist, wenn er die „Wut" ist, kann er beginnen, zum anderen Anteil zu sprechen und auf diese Weise den Dialog eröffnen. Der Klient kann je nach Prozess auf den anderen Stuhl wechseln, sich identifizieren und von dort aus antworten oder Fragen stellen. Der vom Therapeuten geförderte Wechsel dient dazu, die Bewusstheit des Klienten in seiner jeweiligen Situation zu fördern, um so Verständnis für den anderen Anteil aufzubauen. Dieser Prozess ist ausführlicher beschrieben bei Greenberg et al.[60], Staemmler[61] und Hartmann-Kottek[62].

Sollten sich im Dialog die beiden Pole weiter verhärten, wird der Prozess unfruchtbar und es erfordert eine Neustrukturierung der Situation, damit die Spaltung zwischen den beiden Polen nicht noch größer wird. Der Therapeut könnte diesbezüglich nach zusätzlichen Hilfsqualitäten fragen und wenn erforderlich weitere Stühle hinzufügen.

Wichtig ist, dass am Ende des Dialoges der Klient ganz aus den einzelnen Selbstanteilen heraus steigt und wieder er selber wird. Denn in dieser ganzen Arbeit sind oft größere Kräfte am Werk, als wir als Therapeut oder Mensch lenken können. Es empfiehlt sich immer einen Stuhl als Platz für die Gesamtpersönlichkeit des Klienten zu bestimmen, von dem aus dieser in die Aktion gehen und zu dem er auch wieder zurückkehren kann.

---

[60] vgl. Greenberg et al., 2003
[61] vgl. Staemmler, 1995
[62] vgl. Hartmann-Kottek, 2004

Bei der Durchführung des Stuhldialogs ist natürlich vor allem die Haltung des Gestalttherapeuten essentiell. Der Gestalttherapeut geht mit allem, was im Prozess geschieht, mit und schafft den Raum für den Klienten, damit dieser sich wieder entdecken kann. Alles hat seine richtige Zeit und sein richtiges Tempo. Oft genügt es, den ersten Schritt anzuregen, damit der Klient die verschiedenen Aspekte erleben und tolerieren kann, um es dann dabei zu belassen. Da die Bewusstheit sofort auf die Aspekte wirkt, kann dies allein schon vieles in Bewegung setzen. Erst in einem nächsten Schritt kann dann eine Dialogsequenz anschließen und wenn es die Begegnung zulässt, kann der Dialog in eine Versöhnungsarbeit zwischen den Selbstanteilen führen.[63] Erst wenn jeder Teil sich und den anderen voll und ganz und als Ergänzung erkennt, ist die Integration geschehen.

2.4.2 Arbeit mit Polaritäten – Identifikation mit gegensätzlichen Anteilen

Die Vielfalt der Polaritäten, Spaltungen und Konflikte, die sich mit Hilfe des leeren Stuhls bearbeiten lassen, ist endlos. Eine typische Spaltung in der Gestalttherapie ist die zwischen Topdog und Underdog, vergleichbar mit dem in der Psychoanalyse beschriebenen Konflikt zwischen Über-Ich und Es. Der Topdog ist selbstgerecht und autoritär, er weiß alles besser. Er arbeitet mit „Du sollst.", er manipuliert mit Androhungen wie „Wenn, dann". Der Underdog sagt „Ja" oder „Wenn ich nur könnte.". Er ist im Gegensatz zum Topdog sehr unsicher. Er wehrt sich nicht aktiv, sondern kämpft mit passiven Mitteln wie „Morgen.", „Ich verspreche es."[64]. Der Konflikt zwischen Topdog und Underdog wird so lange weiter gehen, bis beide Teile integriert sind und die betroffene Person frei handlungsfähig wird und weiß, was sie will.

Ein Klient, der sich im Spannungsfeld einer Polarität befindet, wird so lange hin und her gerissen, bis er unter Anleitung eines Therapeuten bereit ist, einmal eine jede Perspektive der Pole einzunehmen, um das Verständnis für die kreative Ganzheit zu erlangen. Schon im

---

[63] vgl. ausführlicher Hartmann-Kottek, 2004, S.214f.
[64] vgl. Perls, 2002, S.146

Volksmund heißt es: „Jedes Ding hat zwei Seiten.", daher müssen beide Seiten erlebt werden. In der Mitte zwischen den Polen liegt die Heilung. Da sind beide Seiten in einem ausgewogenen Maß vertreten und da kommen die Extreme zur Ruhe. Es kann sich ein harmonisch fließendes Gleichgewicht einstellen. In die Mitte findet ein Mensch, wenn er seine Extreme anerkennen kann. Auf diese Weise ergibt sich auch hier das Paradoxe. Wer seine Schattenseiten mit einbezieht, wird nicht kleiner, sondern vollständiger.

> „Mögen alle meine Fehler sich auf ihre Plätze begeben
> und möglichst wenig Lärm dabei machen."
> (Eskimospruch)

3   Wesentliche Aspekte im Schamanismus

Was mir der Schamanismus bedeutet, lässt sich in einem Wort zusammenfassen: Heimat! Schamanismus ist für mich die Urquelle der Kraft, des Seins und der Liebe. Da kann ich heil und ganz werden, ausruhen und mich stärken. Seit ich in den Anderswelten Erfahrungen machen darf, bin ich erst richtig in dieser Welt angekommen. Mir ist mein Leben so wesentlich geworden, dass ich ihm einen tiefen Sinn geben kann. Durch den Schamanismus spürte ich das erste Mal richtige Verbundenheit mit dem Sein, der Natur und den Tieren – ich wurde ganz. Ich bin wieder ein fröhlicher Mensch geworden, so wie ich es als kleines Mädchen war, bevor ich irgendwie, Stück für Stück, Kraft auf meinem Weg ins Erwachsenenleben verloren hatte.

Schließlich habe ich durch die Beschäftigung mit der Gestalttherapie, mit ihrem offenen, menschlichen und begleitenden Ansatz und meiner Beschäftigung mit mir und meinem Wachstum, zu meiner wahren Heimat gefunden. Ich habe die leise Stimme der Seele wieder zu hören begonnen und so konnte der Schamanismus zu mir kommen. Seither bin ich auf einem Weg, bei dem ich versuche, Spiritualität in die Gestaltpsychotherapie im Dienste der Gesundheit zu integrieren. Dies ist herausfordernd und bedingt ein aufmerksames und sehr behutsames Vorgehen. Ich habe zu meinem Weg gefunden, den ich glücklich weiter gehe und dafür bin ich unendlich dankbar.

3.1 Was ist Schamanismus?

„Wenn ich in den Wald gehe, oder in den Park, und sehe dort einen Baum stehen,
der vielleicht schon hundert Jahre alt ist und der wahrscheinlich noch da sein
wird, wenn ich nicht mehr da bin, dann weiß ich,
dass ich durch mein Betrachten ein Teil dieses Baumes bin."
(Laura Perls, 2005)

Folge ich den bisher beschriebenen Wurzeln der Gestalttherapie noch weiter in die Tiefe bis zum Grund, eröffnet sich mir der Schamanismus als eine uralte Heiltradition.

Ich war ganz aufgeregt, als ich das erste Mal über Schamanismus las und Aspekte der Gestalttherapie fand, die zigtausende von Jahren alt sind. Die Ursprünge des Schamanismus reichen mindestens 40`000 bis 50`000 Jahre in die Steinzeit zurück und sind vermutlich so alt wie die Menschheit selbst. Demnach liegen unsere ureigenen Wurzeln im Schamanismus.

Anthropologen haben den Schamanismus weltumspannend untersucht. Überall fand man Zeugnisse schamanischer Praktiken. Aus Höhlenmalereien (z.B. in Lascaux in Frankreich oder Altamira in Spanien) und ähnlichen Aufzeichnungen lässt sich vermuten, dass alle eingeborenen Völker eine ähnliche Kosmologie und ein ähnliches Verständnis des Universums hatten. Bis heute hat der Schamanimus in den weniger „entwickelten" Gebieten der Kontinente überlebt und wir können wieder lernen, was wir leider vergessen haben. Auf der Suche nach Heilkraft und dem, was uns mit den Wurzeln unseres Seins verbindet, entdecken wir den Schamanismus wieder.

Schamanismus ist die älteste Methode, mit der die Menschen versucht haben, mit der Schöpfung, dem großen Geheimnis, in Verbindung zu treten. Es ist auch das älteste der Menschheit bekannte Heilungssystem. Schamanismus ist ein seit Jahrtausenden praktiziertes, gehütetes und mündlich weitergegebenes Wissen, ein Erfahrungsschatz vieler Generationen über heilsamen Umgang mit den Kräften der Natur und den Elementen Erde, Wasser, Luft und Feuer. Zudem lehrt dieses

Heilungssystem die Kräfte der Pflanzen, Tiere und Steine wahrzunehmen, sie zu lenken und diese zum Wohle der Menschheit einzusetzen.

Der Schamanismus ist weder eine Religion noch eine Philosophie – er ist auch kein Glaubenssystem, wie viele vielleicht denken. Es gibt weder Doktrinen, noch menschliche spirituelle Führer, die uns sagen, was richtig ist und was nicht. Jeder Mann und jede Frau darf neue Techniken entwickeln und auf eigenständige Art spirituellen Kontakt suchen. Schamanismus überschreitet somit die Grenzen des Glaubens, weil er ein Prozess der Wissensaneignung durch die Erfahrung des Tuns ist.[65] Der Schamane weiß, weil er durch Erfahrung arbeitet. Der schamanische Weg ist ein Weg des Herzens, der uns zurück zum Wesenskern unserer Seele führt. Er ist auf diese Weise ein Weg der Heilung.

Tom Cowan definiert Schamanismus als den „beabsichtigten Versuch, enge und dauerhafte Beziehungen zu persönlichen Hilfsgeistern herzustellen, indem man die alltägliche Wirklichkeit bewusst verlässt und in die nichtalltäglichen Bereiche der geistigen Welt reist.“[66]. Es geht darum, Visionen und die Kraft ihrer Umsetzung im Alltag zu erhalten. Denn Weltflucht führt uns letztlich dahin, wo nichts und niemand mehr ist. Sun Bear, verstorbener Chippewa-Medizinmann, sagte: „Erzähle mir nichts über deine Vision, wenn sie keine Früchte trägt.“[67]

Bei der Auseinandersetzung mit Schamanismus trifft man unweigerlich auf den Begriff „Core-Schamanismus“[68]. Michael Harner hat diesen Begriff geprägt und mit seiner Organisation „Foundation for Shamanic Studies“ weltweit verbreitet, um die Kernelemente, wie Seelenrückholung, Divination, Extraktion und das Sterben, für den westlichen Menschen erfahrbar zu machen.

---

[65] vgl. Meadows, 2004, S.8
[66] Tom Cowan, 2003, S.16
[67] zit. in Rutherford, 1998, S.30
[68] Michael Harner, 1999

Das Wiedererwachen des Schamanismus in unserer Zeit zeigt das Bedürfnis des Menschen, die Natur und ihre Kräfte zu erfahren, um dem eigenen Leben einen Sinn zu geben.

3.2 Welt- und Menschenbild

August Thalhamer, der in einer Vielzahl an Artikeln immer wieder die Brücke zwischen religiösen, spirituellen Richtungen und westlicher Psychologie in schönen Worten zu bauen vermag, schreibt zu diesem Thema die passenden Sätze: „Wer länger meditiert, kennt diese Erfahrung, die einen fasziniert und erschüttert: die Auflösung des Ich, das Aufgehen in der All-Einheit. Unsere Kultur ist die einzige auf der Welt und in der Geschichte, die die Individualität in nie gekanntem Maße betont. Wir sind es gewohnt, uns als Einzelwesen, getrennt von allem anderen zu sehen."[69]

Schamanismus war die erste und ursprüngliche Möglichkeit des Menschen, sich selbst im Wechselspiel der elementaren Kräfte zu verstehen und sich einzuordnen. Angesichts der schnelllebigen, modernen, selbstzerstörerischen Zeit sehnen sich viele Menschen nach dem einfachen Leben in Übereinstimmung mit der Natur. Zurück zu den Wurzeln, das ist der Wunsch der sehnsüchtigen Herzen und deren Seelen.

3.2.1 Animistisches Weltbild der Schamanen

> „Als die Erde mit all ihren Lebewesen erschaffen wurde,
> war es nicht die Absicht des Schöpfers,
> dass nur Menschen auf ihr leben sollten.
> Wir wurden zusammen mit unseren Brüdern und Schwestern
> in diese Welt gesetzt, mit denen, die vier Beine haben,
> die fliegen, und mit denen, die schwimmen.
> All diese Lebewesen, auch die kleinsten Gräser und die
> größten Bäume, bilden mit uns eine große Familie.
> Wir alle sind Geschwister und gleich an Wert auf dieser Erde."
> (Aus der Danksagung der Irokesen)

---

[69] August Thalhamer, 2004

Dies erklärt, dass der Mensch keine abgespaltene Einheit darstellt, sondern mit anderen Wesen in Verbindung steht und mit ihnen auch kommunizieren bzw. interagieren kann.[70] Das animistische Weltbild bedeutet, dass alles lebt und belebt ist. Die menschliche Existenz ist nur eine von unzähligen Formen. In allen Formen existiert die Schöpferkraft, der innere Geist des Lebens. Deshalb wird jede Existenzform, sei es als Pflanze, Tier, Steine, etc. mit besonderem Respekt behandelt. Denn dadurch, dass der innere Geist des Lebens überall derselbe ist, ist alles mit allem verbunden. Wenn wir uns selbst und einander achten und ebenso die Reiche der Natur, von denen unser Leben völlig abhängt, dann ist das Universum im Gleichgewicht. Denn ohne die Pflanzen, die Insekten, die Tiere könnten wir gar nicht leben. Wie Rutherford es beschreibt: „Es macht uns demütig, wenn wir daran denken, dass unsere Existenz vom Regenwurm abhängt, der die Erde für die Pflanzen herstellt!"[71]

Alldem liegt die Anschauung zugrunde, dass die Natur kein Produkt der Schöpfung ist, sondern sie ist der Ausdruck der Schöpfung. In der schamanischen Arbeit können wir diese Verbindung erfahren und erkennen, dass es mehrere Wirklichkeiten gibt, beziehungsweise die Wirklichkeit auf mehreren Ebenen gleichzeitig existiert.

Rolling Thunder sagt einige Worte zum „Verstehen": „Es ist gewiss nicht einfach für euch, das alles zu verstehen, denn „wirklich verstehen" heißt nicht, all die Fakten zu kennen, mit denen euch eure Schulbücher und Lehrer ständig überschütten. „Verstehen" fängt bei Liebe und Achtsamkeit an, Achtung vor dem Großen Geist; und der Große Geist wiederum ist das Leben, das in allen Dingen steckt – in allen Lebewesen und Pflanzen, ja selbst in Steinen und Mineralien. Alle Dinge, und ich unterstreiche alle, haben ihren eigenen Willen, ihren eigenen Weg und ihre eigene Bestimmung und das sollten wir endlich respektieren."[72]

---

[70] vgl. Uccusic, 1993, S.57f.
[71] Rutherford, 1998, S.47
[72] zit. in Boyd, 1981, S.65

3.2.2 Kosmologie der Schamanen

„Ich bin das Land.
Meine Augen sind der Himmel.
Meine Glieder sind die Bäume.
Ich bin der Fels, die Wassertiefe.
Ich bin nicht hier, um die Natur zu beherrschen oder sie zu nutzen.
Ich bin selbst Natur..."
(Hopi Indianer)

Die Kosmologie, die Vorstellung über die Zusammensetzung und innere Anordnung des Universums, ist ein wesentliches Element zum Verständnis jeder Gesellschaft.

Die schamanische Kosmologie ist grundsätzlich unterschiedlich zu unseren Vorstellungen in der modernen westlichen Gesellschaft. Sämtliche schamanische Richtungen setzen das Vorhandensein von Parallelrealitäten, auch „Nichtalltägliche Wirklichkeiten" genannt (der Begriff stammt vom Anthropologen Carlos Castaneda), voraus. Dementsprechend existiert nicht nur die physisch-materielle Welt, sondern auch spirituelle Dimensionen. Diese „Nichtalltägliche Wirklichkeit" erleben die Schamanen und Schamaninnen ebenso wirklich wie wir unsere Alltagswirklichkeit. Diese Welten sind belebt und verfügen über Topographie und Ordnung, unterliegen aber nicht den gewohnten Raum- und Zeitmechanismen.[73]

Diese nicht alltägliche Realität der Schamanen fragt nicht nach Ursache und Wirkung oder nach Erklärungen und Begründungen, sondern nur nach Tatsachen. Für schamanisch Arbeitende dient alles als Mittel, um Tatsachen zu verändern, was sich in der Praxis bewährt – ganz gleich, ob es nun einer wissenschaftlichen Betrachtungsweise zugänglich ist oder nicht.

Im archaischen Schamanismus ist die „Nichtalltägliche Wirklichkeit" nahezu einheitlich in eine sogenannten obere, untere und mittlere Welt geteilt, wobei in der oberen Welt die Ahnengeister aufgesucht und um Wissen und Rat gebeten werden können. In der unteren Welt führen die Tiergeister zu den Quellen der Lebenskraft. In der mittleren Welt wird

---

[73] ausführlich und gut zusammenfasst bei Urban, 2007, S.67f.

54

die Information oder die Kraft in der „Nichtalltäglichen Wirklichkeit" zur Entfaltung gebracht, damit sie auf die alltägliche Wirklichkeit einfließen kann. Hier werden vorwiegend alle Tätigkeiten durchgeführt, die als Heiltätigkeiten bezeichnet werden, sowie z.B. die Seelenrückholung oder Extraktionstechniken. Die beschriebenen Wirklichkeiten sind durch eine Achse, die „axis mundi" miteinander verbunden. Diese Achse kann in verschiedenen Kulturen unterschiedliche Formen haben, z.B. als Weltenbaum, als Pfahl oder auch als Fluss.

Paul Uccusic[74] formuliert schöne Beispiele, wie die schamanische Praxis einem erfahrbar macht, dass jedes Ding zwei Aspekte haben kann: einen alltäglichen und einen nichtalltäglichen. Wenn die Wirkung einer Pflanze bekannt ist, dann ist dies Bestandteil der alltäglichen Wirklichkeit. Erkenne ich das Wesen einer Pflanze auf der Suche nach seiner Wirkung bei einer schamanischen Reise[75], so ist dies Bestandteil der nichtalltäglichen Wirklichkeit. In der nichtalltäglichen Welt kann der Geist der Pflanze einem sagen, wie sie zum Wohle des Kranken angewendet werden soll. Nach Anwendung des Wissens und der Erfahrung wird es somit Bestandteil der alltäglichen Wirklichkeit. Für den gesunden Ausgleich geht es darum, beide Aspekte zu berücksichtigen.

Es besteht in dieser Kosmologie also keine Trennung von Natur-, Mensch- und Geisterwelt. Es gibt hier nicht das Bild vom unwiderruflichen, linearen Zeitablauf des Weltgeschehens. Der Mensch ist in einem anderen, zyklischen Zusammenhang mit dem Ganzen verbunden. Diese Einbindung bedeutet einerseits ein Aufgehoben sein und andererseits geht damit auch eine Verpflichtung oder Rücksichtnahme auf die Geisterwelt einher. Es ist somit auch eine ökologisch-systemische Ethik oder ein Gewissen.[76]

Vergleiche ich das schamanische Weltbild mit dem humanistischen Welt- und Menschenbild der Gestalttherapie, so zeigt sich hier klarer der zusätzliche transpersonale Aspekt, die spirituelle Sichtweise, welche die Grundlage für schamanisches Denken und Handeln ist.

---

[74] Paul Uccusic, 1993, S.58
[75] vgl. Kapitel 3.3.2
[76] vgl. ausführlicher Uccusic, 1993, S.62

3.3 Techniken im Schamanismus

Natürlich gibt es bei den indigenen Völkern Unzähliges mehr an Techniken und Ritualen, als die wenigen, auf die ich in diesem Buch eingehen kann. Ich möchte nachfolgend die für mich wesentlichsten Techniken beschreiben.

3.3.1 Veränderte Bewusstseinszustände

Der Kern des Schamanismus beruht bei genauerem Hinsehen immer wieder auf der Veränderung des Bewusstseinszustandes mit Hinwendung zur „Nichtalltäglichen Wirklichkeit" wie auch in der Inanspruchnahme von Kräften, die in einer rationalen und materiell fest angelegten Auffassung nicht einzuordnen sind.[77]

Schamanen unternehmen in verändertem Bewusstseinszustand Seelenreisen in Wirklichkeiten jenseits unserer Alltagswirklichkeit. Die „Nichtalltägliche Wirklichkeit" ist eine reine Kraftwirklichkeit, außerhalb der Gesetzmäßigkeiten von Zeit, Raum und Materialität. Die Verbindung zu ihnen wird durch den schamanischen Bewusstseinszustand hergestellt. Es ist ein Zustand höchster Aufmerksamkeit und höchster Sinneswahrnehmung, vielleicht könnte man auch sagen: konzentrierte Lockerheit. Er wird durch Reduzierung des Denkens hergestellt, durch Leer-Werden, „the hollow bone" – den hohlen Knochen, wie die Lakota aus Nordamerika diesen Zustand nennen.

Wesentlich ist, dass man in diesem Zustand jederzeit bei klarem Verstand ist und selbstbestimmend und gezielt handeln kann. Daher ist man nicht „ver-rückt", sondern kann ein- und aussteigen, wie man gerade möchte. Es ist ein sehr entspannter Zustand, der jedoch wie erwähnt von höchster Aufmerksamkeit und Wahrnehmungskraft geprägt ist.

Der Schamane, der auch als Weltenreiser bezeichnet wird, bewegt sich in seiner Aufmerksamkeit ständig an der Grenze zwischen Tagtäglichkeit und Nichtalltäglichkeit. Physisch gesehen bedeutet dies, dass der Körper sehr entspannt ist, die Herzfrequenz und der Pulsschlag nehmen ab. Um diesen Zustand zu erreichen, bedient sich der

---

[77] Picard, 2006, S.126

Schamane seiner Trommel oder kann auch über den Tanz in diesen Zustand kommen. Indem der Schamane die Trommel mit einer Frequenz zwischen 3 und 7 Hz (1 Hz = 1/s) gleichmäßig und monoton schlägt. Der Schamane zählt jedoch nicht die Trommelschläge, denn er kennt den Rhythmus der Natur – den Herzschlag von Mutter Erde. Dieser Trommelschlag wirkt ausgleichend auf die Aktivität der rechten und linken Gehirnhälfte, dementsprechend wird das Rationale zurückgenommen und das Intuitive verstärkt.

Vielleicht noch interessant dazu ist, dass vor ca. 15 Jahren Geophysiker mit ihren sensiblen Messgeräten und -methoden, ein sich Ausdehnen und Zusammenziehen des Planeten entdeckt haben und dieses sich auch in einem Frequenzbereich von 3-7 Hz bewegt.[78] Auch eine Mutter, die ihr schreiendes Baby beruhigt, nimmt es in den Arm und ohne dass sie unterrichtet wurde, wiegt sie es ebenfalls in diesem Schwingungsbereich.

Viele von uns waren schon im schamanischen Zustand, ohne es zu wissen. Wenn man tagtäglich mit dem Auto eine Stunde lang die gleiche Strecke fährt, wird es Routine (Entspannung), obwohl man dabei den Straßenverkehr, die Ampeln und die Menschen wahrnimmt. Man denkt über dieses oder jenes nach und erschafft somit ein neues Weltbild, in dem man lebt. Dies ist jedoch keine schamanische Reise, sondern nur ein Beispiel, damit jemand, der diesen Zustand nicht kennt, besser verstehen kann, wie sich der schamanische Bewusstseinszustand anfühlt.

3.3.2 Die schamanische Reise und ihre praktisch therapeutische Anwendung

Hier möchte ich die schamanische Reise, das Kernstück schamanischer Arbeit, in den Grundzügen beschreiben, in der sie weitgehend vermittelt wird.

---

[78] vgl. Paturi, 1999, S.26

Es gibt verschiedene Möglichkeiten, um in den schamanischen Bewusstseinszustand zu kommen, um überhaupt eine schamanische Reise durchführen zu können:

1. Unter Zuhilfenahme der Trommel: Der schamanisch Tätige sitzt oder liegt und hat die Augen bedeckt oder geschlossen.

2. Unter Zuhilfenahme der Rassel: Der schamanisch Tätige nimmt eine ekstatische Körperhaltung ein, auch Trancehaltung genannt.[79]

3. Durch Tanzen mit halbgeschlossenen Augen: Dies sind jedoch spezielle Tänze und werden auch Visionstänze genannt.

Hier werde ich die schamanische Reise mithilfe der Trommel weiter ausführen. Generell wird von einem Platz in der Natur, den man vorher erreist hat, zur eigentlichen Reise gestartet. Man muss sich bei der Reise allerdings nicht an diesem Ort aufhalten. Eine Reise macht nur Sinn, wenn man ein Anliegen hat:

Wenn es beim Anliegen um einen *Energiemangel* geht, so wird in die *untere Welt* gereist, jenen Platz, wo die Krafttiere zu Hause sind und dem Klienten ihre Kraft verleihen wollen. Dazu bittet man am Startplatz, dass man durch eine Öffnung nach unten geführt wird. Es ist gut, alle Erwartungen und Interpretationen gehen zu lassen und einfach wahrzunehmen, wenn man im veränderten Bewusstseinszustand in die „Nichtalltägliche Wirklichkeit" reist, denn da gelten andere Gesetze.

Wenn es sich beim Anliegen um *Informationen, Antworten auf wichtige Fragen handelt*, so wird in die *obere Welt* gereist, an jenen Platz, wo die spirituellen Lehrer oder Führer zu Hause sind und gerne mit Rat und Tat zur Seite stehen.

Hat das Anliegen mit *Heilung oder Ganzwerdung* zu tun, so wird in die *mittlere Welt* gereist, um dort Handlungen mit der Kraft der Tiere umzusetzen, die man als Information bekommt. Diese Arbeit in der mittleren Welt hat eine direkte Auswirkung in der Tagtäglichkeit, kann jedoch zeitverzögert einsetzen, da es in der „Nichtalltäglichen Wirklichkeit" weder Zeit noch Raum gibt.

---

[79] vgl. Gore, 1996

Sobald die Tätigkeiten in der Anderswelt erledigt worden sind, geht es zur Rückkehr in die Tagtäglichkeit. Dies weiß der schamanisch Tätige genau, respektive wird vor der Reise ein spezielles Trommelsignal besprochen. Beim Rückholsignal bedankt und verabschiedet sich die Person von den Wesenheiten, denen sie begegnen durfte oder den Erfahrungen, welche sie machen konnte. Dann kehrt sie zuerst auf den Startplatz in der Natur zurück und von dort in die Tagtäglichkeit, wo sie am Boden liegt oder sitzt.

Sandra Ingerman, welche 1994 auch in Esalen gearbeitet hatte, beschreibt in ihren Büchern sehr einfach, praktisch und einfühlsam die schamanischen Reisen und worauf man achten sollte. Es ist trotzdem empfehlenswert, die ersten von der Trommel begleiteten Reisen unter Anleitung einer erfahrenen Person zu machen, die den Rahmen dieser energievollen Arbeit halten kann, bevor man selbst dazu in der Lage ist. Die Eindrücke sind oft sehr tief und vielschichtig.

In der Gestalttherapie werden zum Beispiel Inhalte und Botschaften aus den Träumen der Klienten als Ausdruck des momentanen Seelenzustandes aufgefasst, die Hinweise auf den Heilungsweg geben können. Die Klienten können in der Traumarbeit mit den Teilen aus dem Traum verschmelzen und sich mit ihnen beschäftigen, um die Botschaft für sich zu entschlüsseln und so im Alltag nutzen zu können. Auch die Schamanen oder schamanisch Tätigen erhalten durch die Erfahrungen auf ihren Reisen konkrete Informationen über den Zustand des Klienten und für dessen Heilbehandlung. Es kommt vor, wenn ich als schamanisch Tätige in diesen veränderten Bewusstseinszustand gehe, dass mir etwas ganz anderes, den Klienten betreffend, gezeigt wird, als ich mir im Wachzustand gedacht hatte.

Die praktisch therapeutische Anwendung der schamanischen Reise

Für mich ist es wichtig, über die Labilität und Stabilität des Klienten gut informiert zu sein, denn das Reisen darf nicht zur Flucht aus dieser Welt benutzt werden. Es geht vielmehr darum, den Klienten ein Werkzeug zu vermitteln, mit dem sie selbst ihre Potentiale finden können. Hier ein Beispiel aus der Praxis.

Zur Einleitung erkläre ich, was wir zusammen tun wollen und warum. Als Psychotherapeutin geht man davon aus, dass Ressourcen in der eigenen Persönlichkeit in uns schlummern. Die Indianer erleben diese Ressourcen als helfende Wesen, außerhalb der eigenen Persönlichkeit, in der sogenannten „Nichtalltäglichen Wirklichkeit", wohin wir zusammen reisen wollen. Ob sich die Klientin nun in der psychologischen oder der schamanischen Sprache und Bilderwelt heimischer fühlt oder sich bedienen will, macht für die Wirkung keinerlei Unterschied.

Erst wenn ich das Vertrauen meines Gegenübers fühle, widmen wir uns dem Anliegen und dessen genauer Formulierung.[80] Eine Reise bedeutet Kontakt mit den höheren Instanzen und wir wollen ihnen mit Respekt gegenübertreten, einen heiligen Raum gestalten. Je nachdem wie die Einstellung der Klientin zur der spirituellen Dimension ist, gestalte und reinige ich den heiligen Raum alleine oder wir gestalten dieses Ritual gemeinsam. Dabei müssen für mich wesentliche Dinge geschehen: Ich bitte die Energien oder Qualitäten der vier Winde in diesen heiligen Raum, der mit einer Kerze oder Steinen gestaltet ist, damit sie mich bei der Arbeit führen.

Die Klientin hat ihr Anliegen im Vorfeld klar formuliert und sie weiß, in welche Welt sie reisen wird und in diesem Beispiel kennt sie auch schon ihren Startplatz. Nun ist es wichtig, wie ein „hohler Knochen" zu sein, einfach da zu sein und wahrzunehmen ohne zu bewerten. Es ist wesentlich, in den schamanischen Bewusstheitszustand zu kommen, und diesen erreicht man am einfachsten durch monotones Trommeln. Der Ritt auf der Trommel kann beginnen. Ich trommle während der ganzen Zeit leise und gleichmäßig mit halbgeschlossenen Augen und dies hilft der Klientin, sich zu entspannen und einfach wahrzunehmen. Anfangs kann ich gut die Aufregung der Klientin beobachten, fühle dann, wie Beruhigung eintritt und kann ihre spätere Befreiung genau wahrnehmen: langsames und tiefes

---

[80] vgl. Ingerman, 2004, S.57f.

Atmen, entspannte Gesichtszüge, etc. Wenn es an der Zeit ist und ich mich selbst in der Mitte und Ruhe befinde, trommele ich das vereinbarte Rückholzeichen. Die Klientin beginnt sich leicht zu bewegen und irgendwann, wenn es für sie passt, öffnet sie die Augen. Ein leichtes Lächeln ziert ihr entspanntes Gesicht und sie sagt zu mir: „Ich hätte nicht gedacht, was ich da alles erleben und sehen durfte." Ihr ganzes Wesen ist sichtbar verändert und sie fühlt sich wohl und geborgen.

Mir ist wichtig, dass sich die Klientin nach der Reise Zeit nimmt, ihre Eindrücke der Reise, ohne vorher darüber zu reden, aufzuschreiben und auch zu malen. Auf diese Weise werden verschiedenste Verankerungen gesetzt, welche ganzheitlich und auf verschiedensten Ebenen der Erinnerung wirken.

Abschließend bedanken wir uns dafür, dass wir dies alles erleben und erfahren durften und lösen den heiligen Raum wieder auf.

Für mich ist die schamanische Reise in der gestalttherapeutischen Arbeit eine wesentliche Bereicherung und Erweiterung meiner bisherigen Möglichkeiten, sowohl für mich persönlich, als auch in meiner Arbeit mit meinen Klienten.

3.3.3 Die Seelenrückholung

In der Gestalttherapie kann man anhand der Stuhlarbeit, Arbeit mit Polaritäten[81], Traumarbeit oder innerer Kinderarbeit aktiv versuchen, vergessene, verlorene und abgespaltene Erinnerungen oder Seelenanteile zu integrieren. Wenn diese Integration geschehen darf, fühlen sich die Klienten sofort ganzer, kraftvoller und haben wieder mehr Energie.

Die moderne Wissenschaft der Psychologie und das älteste Heilsystem der Schamanen haben in Bezug auf den Seelenverlust eine gemeinsame Vorstellung: Die Seele kann als Folge körperlicher, mentaler oder emotionaler Erschütterungen oder Traumata einen Erschöpfungszustand erleiden und ein „Fragment" von ihr kann sich

---

[81] vgl. Kapitel 2.4

lösen. In der Psychotherapie wird von Dissoziation gesprochen, der Abspaltung leidvoller Erlebnisinhalte aus dem Bewusstsein. Menschen können dadurch Verlustgefühle erleiden.[82]

Der Schamane als Spezialist im Reisen zwischen mehreren Welten kann diese Seelenteile suchen, finden und auch wiederbringen. Dazu reist der Schamane oder der schamanisch Tätige im veränderten Bewusstseinszustand in das andere Land, die „Nichtalltägliche Wirklichkeit", um den verlorenen Seelenteil zu finden. Er lokalisiert und identifiziert ihn und nimmt Verbindung auf. Er lädt den Seelenteil ein zurückzukehren, um ihn den Klienten mittels Einblasen wieder zu geben. Dadurch werden die Klienten wieder ganz und können dies auch sogleich fühlen. Diese Technik nennt man auch „Wiederherstellen von Lebensenergie".

Zu Beginn einer Reise weiß ich nie, in welcher Art ich die Informationen erhalte oder wie diese zu mir kommen. Ich vertraue auf das, was ich entdecken werde. Manchmal sehe ich den Seelenteil in einem bestimmten Lebensalter in der „Nicht-alltäglichen Wirklichkeit", manchmal gibt mir mein Krafttier die Informationen, wie alt der Teil ist und wo ich ihn finde. Das Schöne ist, dass ich immer um Hinweise und Hilfe bitten kann, denn ich bin nicht alleine.

In meiner bisherigen Erfahrung hat sich gezeigt, dass es nicht einfach genügt, wenn der fehlende Seelenteil lokalisiert und zurückgeholt wird. Dieser Teil muss von der Klientin auch vollständig und liebevoll aufgenommen werden, erst dann kann dieser wieder vollständig integriert werden und bei ihr bleiben.

Die Psychotraumatologieforschung geht ebenfalls davon aus, dass es wenig bringt, mit der Stabilisierung in der Therapie zu beginnen, wenn Personen immer noch Täterkontakt haben oder noch immer in einer unschönen Umgebung sind. Denn so können die Menschen nicht gesund werden. Das Neue hat noch keinen nährenden Boden und wie soll ein Pflänzchen wachsen, wenn es in einen kargen Boden gepflanzt wird und keine Fürsorge bekommt?

---

[82] vgl. Meadows, 2004, S.176f.

Manchmal bekomme ich auf der Reise von den Geistwesen Informationen für ein Ritual, welches die Klientin zu Hause durchführen soll, um für ihre Heilung zu danken und die Seelenanteile damit willkommen zu heißen. Wenn Seelenanteile spürbar zurückgekehrt sind, dann ist es etwas Feierliches. Von da an ist es wichtig, dass die Klientin ihre zurückerhaltenen Seelenteile hegt und liebevoll pflegt. Die neue Kraft ist nun da und es gilt sie positiv zu nutzen, damit vielleicht Altes gehen und Neues kommen darf. Darum ist gerade nach einer schamanischen Seelenrückholung Therapie indiziert, da sie beim weiteren Verhalten ansetzen kann.

„Seelenrückholung ist ein machtvoller Weg, um Menschen in ihre Körper, zur Erde und nach Hause zurückzubringen."
(Sandra Ingerman, 2007, S.98)

Sandra Ingerman beschreibt in ihrem Buch „Heimkehr der Seele" immer wieder gute Hinweise zur Zusammenarbeit zwischen Psychotherapeutin und schamanisch Tätiger bei der Seelenrückholung. Ein geeigneter Zeitpunkt ist, wenn alle wichtigen Einsichten über den inneren Konflikt und die schädigenden Lebensaspekte in der therapeutischen Arbeit erarbeitet sind, jedoch sich keine durchgreifende Besserung eingestellt hat. Wenn der Klient sich selbst zu einer Veränderung motiviert, kann es wichtig sein, eine andere Ebene mit einzubeziehen und die schamanisch Tätige auf die Suche gehen zu lassen.[83]

„Mutter, eines deiner Kinder möchte nach Hause kommen.
Hilf mir, es zu dir zurückzubringen, so dass es seinen Platz einnehmen kann,
seinen rechtmäßigen Platz auf der Erde."
(Gebet bei Seelenrückholung[84])

Die spontane Rückkehr von verlorenen Seelenanteilen ist in unserem Organismus aufgrund der innewohnenden Selbstheilungskräfte auch

---

[83] vgl. auch Picard, 2006, S.157f.
[84] zit. in Ingerman, 2007, S.65

von selbst möglich und nicht nur im therapeutischen oder schamanischen Rahmen erreichbar. Die Lebensbedingungen können derart günstig sein, dass eine betroffene Person „sich wieder findet" – dies ist der großartige Lauf der Natur.

3.3.4 Die Extraktion

Wie schon der Name sagt, geht es hierbei um ein Herausziehen, ein Entfernen eines Eindringlings. Wie wir ja wissen, ist im Schamanischen alles beseelt, hat also Wesenheit. Als Eindringling bezeichnet man eine Wesenheit, die in der Feinstofflichkeit des Klienten nichts zu tun hat oder ein „Zuviel" darstellt.

Aus der Tradition gibt es verschiedene Techniken des Extrahierens. Der Schamane kommt mit Hilfe der Rassel oder der Trommel in den schamanischen Bewusstseinszustand. Er liegt dabei an der Seite des Klienten und berührt diesen Schulter an Schulter, Hüfte an Hüfte und Knöchel an Knöchel. Dann startet der Schamane seine Reise in den Tunnel und betrachtet in seiner Wahrnehmung vor allem die Tunnelseite, an der er den Klienten berührt, um dort Störungen, Schädigungen oder Eindringlinge zu erkennen.

Eindringlinge zeigen sich oft als Insekten, technische Objekte wie Nägel oder Drähte, aber auch als Unrat und Schlamm. Dies sind nur Möglichkeiten, denn Eindringlinge können vielfältig erscheinen und man erkennt sie genau, weil sie nicht in die Umgebung passen.

Wenn der Eindringling lokalisiert ist, kann der Schamane ihn extrahieren. Der Schamane verlässt sich auf die Führung der höheren Instanzen und spürt mit seiner guten Hand den Eindringling auf, fasst ihn und zieht ihn aus dem Körper heraus. Dabei ist darauf zu achten, dass seitlich oder nach unten gezogen wird, jedoch nicht in Kopfrichtung, um nicht unnötig Gedankenformen zu aktivieren. Der Eindringling wird ins Feuer geworfen, um ihm so eine Transformationsmöglichkeit zu geben. Schließlich ist es wichtig, diesen leer gewordenen Platz mit gesundheitsfördernder Energie zu füllen.[85]

---

[85] Alf Fuchs, 2007

64

Es gibt je nach Tradition verschiedene zusätzliche Möglichkeiten, aber die oben beschriebene Methode ist wohl die am meisten verbreitete.

In der Gestalttherapie gibt es keinen direkten Vergleich zu dieser Technik. Am ehesten könnte man es mit der Technik im Hier-und-Jetzt zu sein vergleichen, um so zum wahren Leben zu gelangen. Dies bedeutet auch, die eigene Kraft nicht durch vergangenheitsbezogenes oder zukunftsorientiertes Denken zu verschwenden oder zu verlieren. Damit habe ich die Möglichkeit, mit all meiner Energie im Hier-und-Jetzt zu erfahren, wie ich mich wahrnehme und mich eventuell unterbreche. Durch diese erlangte Bewusstheit kann ich mein Verhalten zu meinem Wohle verändern, denn Gedanken haben Macht, können sich zu Gewohnheiten formen und werden zu unserem Charakter. Wenn sie sich erst einmal manifestiert haben, ist mir in der Psychotherapie keine Technik bekannt, mit deren Hilfe diese ohne Umprogrammierung vollständig herausgelöst werden könnten.

Diese Gedankenmanifestationen kann man unter anderem mit der oben beschriebenen schamanischen Technik der Extraktion herauslösen. Jene Menschen, die von ihnen befreit werden, spüren auch hier sofortige Wirkung. Dennoch ist es essentiell, dass man einen dienlichen Umgang mit seinen Gedanken findet und pflegt, damit das Neue auch gedeihen und wachsen kann.

3.4 Mögliche Erklärungen schamanischer Phänomene

Beim Versuch, die Methoden und Mechanismen zu verstehen, die hinter dem schamanischen Heilen stehen könnten, verfangen wir uns unweigerlich in einem Paradigmenkonflikt[86], denn die transpersonale Sichtweise ist die Grundlage für schamanisches Handeln.[87]

Es ist nicht möglich, alle Wirkungsweisen und Zusammenhänge der schamanischen Arbeit wissenschaftlich zu erklären. Dennoch haben mehrere Wissenschaftszweige aus den Bereichen der Neurologie, Immunologie und Quantenphysik durchaus plausible Erklärungs-

---

[86] vgl. Walsh, 2005, S.227f.
[87] vgl. Kapitel 5.2.3

möglichkeiten für schamanisches Geschehen gefunden. Die folgenden Betrachtungsweisen sollen zeigen, dass Schamanismus einen realen naturwissenschaftlichen Hintergrund hat und kein obskurer Aberglaube ist.

3.4.1 Parallelwelten – morphogenetische Felder

Eine Theorie, die zum Verständnis der universellen Verbundenheit beitragen kann, ist das von Rupert Sheldrake (Biochemiker, Genetiker und Quantenphysiker) entwickelte Konzept der morphogenetischen Felder, die im Schamanismus „Akasha Chronik" genannt wird. In seinem Buch „Das Gedächtnis der Natur" bringt er die Existenz unsichtbarer, strukturierender Energiefelder ins Gespräch, die Zeit und Raum überschreiten und auch als Informationsfelder betrachtet werden können.[88] Er weist darauf hin, dass oft verschiedene Menschen zur gleichen Zeit genau dasselbe erfinden. Dieses unsichtbare Gitternetz bezieht seinen Namen aus der Vorsilbe „morph", das „Form" heisst und dem Wort „Genesis", das „Entstehung" bedeutet. Sheldrake glaubt, dass jeder Organismus ein eigenes Energiefeld besitzt und dass Materie aus diesen Feldern erschaffen wird und nicht umgekehrt. Erzeugen wir durch unsere negativen Gedanken negative Formfelder, verbinden wir uns ebenfalls mit einem gleichfalls negativen Feld in der Materie (z.B. selbsterfüllende Prophezeiungen). Der Schamane oder schamanisch Tätige kann durch verschiedene Techniken diese Formfelder positiv beeinflussen, zum Wohle des Menschen, der Natur und des Kosmos.[89]

3.4.2 Facetten des Bewusstseins und neurophysiologische Untersuchungen

Ein wichtiger Aspekt, der aus der Psychiatrie und der transpersonalen Psychologie stammt, ist die schematische Einteilung der veränderten Bewusstseinszustände in übersichtliche und für die klinische Praxis brauchbare Modelle. Scharfetter unterscheidet grundsätzlich zwischen

---

[88] Rupert Sheldrake, 1993
[89] vgl. Erklärungen zu schamanischen Phänomene bei Urban, 2007, S.142f.

Schlaf- und Wachbewusstsein[90], wobei letzteres in „Alltags-Bewusstsein" und in ein weiter ausdifferenziertes „Außer-Alltags-Bewusstsein" unterteilt ist; damit ist nichts anderes umschrieben als „Alltägliche-" und „Nichtalltägliche Wirklichkeit".

Der besondere Wert dieser Modelle liegt dabei nicht in ihrer Neuheit, denn solche existieren in unterschiedlichsten Traditionen bereits seit Jahrtausenden, sondern darin, dass sie Bewusstseinsqualitäten, wie den schamanischen Bewusstseinszustand, eindeutig als gesunde Phänomene definieren und als solche der Wissenschaft zugänglich machen.

Neurophysiologische Untersuchungen haben darüber hinaus ergeben, dass es nicht ein Bewusstsein mit einem Bewusstseinszentrum gibt, sondern vielmehr verschiedenste Bewusstseinsströme beobachtbar sind, die unterschiedlichste Gehirnstrukturen betreffen. Auch die „veränderten Bewusstseinszustände" sind als Bewusstseinsströme entlang des gesunden Erlebenskontinuums aufzufassen, die spezifische Veränderungen in bestimmten Hirnregionen, vor allem präfrontaler Kortex und Formatio reticularis, hervorrufen und somit als differenzierbare Bewusstseinszustände erfasst werden können.[91]

Diese und noch weitere Ergebnisse, die in diesem Buch leider keinen Platz finden, liefern wichtige Erkenntnisse, welche in verblüffender Weise beinahe zu denselben Schlussfolgerungen führen wie die uralten schamanischen Konzepte.

---

[90] Scharfetter, 1997, S.25-26
[91] zit. in Urban, 2007, S.92f.

4 Die Grundhaltung eines Gestalttherapeuten und eines schamanisch Tätigen

Das aus den verschiedenen Wurzeln resultierende Menschen- und Weltbild bringt eine Vielzahl an Konsequenzen für das Verhalten eines Therapeuten oder Schamanen bzw. schamanisch Tätigen mit sich.

4.1 Was ist ein Gestalttherapeut?

Die gestalttherapeutische Grundhaltung besteht darin, dem Klienten nicht Dinge zu erklären oder zu deuten, sondern ihm die Möglichkeit bereit zu stellen, sich selbst zu erkennen. Auf diese Weise kann dieser seinen eigenen Weg, in seinem eigenen Rhythmus gehen. Deswegen ist Gestalttherapie mehr als nur eine Psychotherapiemethode. Sie ist eine Lebens-Art – ein kreativer Weg zu sich selbst.

Einen Gestalttherapeuten zeichnet demnach zutiefst aus, wie er dem Klienten mit seiner Präsenz, seiner Aufmerksamkeit und Achtsamkeit begegnet. Als Therapeutin möchte ich dem Klienten so begegnen, wie ich bin. Mit all den in meinem Hintergrund integrierten Qualitäten von Erfahrung, Wissen und Geschick möchte ich mich in den Dienst der dialogischen Begegnung stellen.[92] Laura Perls fordert für die Gestalttherapie gut durchgearbeitete Therapeuten. Erst dann könne die dialogische Haltung im Sinne Bubers, von Mensch zu Mensch, wirklich umgesetzt werden und dies brauche Zeit. Wachstum ist ein Prozess, der Zeit braucht. Nach Stephen Schoen genügt es, sich auf Martin Buber

---

[92] vgl. Perls, 1999, S.179

und Laotse einzulassen und ihre Lehren anzuwenden.[93] Alles weitere Therapeutische wird einem dazu gegeben werden.

Für mich lässt sich die Grundhaltung mit folgenden Aspekten zusammenfassen:

- Hinwendung: Sich einander mit allen Sinnen zuwenden.
- Gelassenheit: Es wird sich von alleine zeigen. Ich muss nicht unbedingt etwas dafür tun, kann mich zurücknehmen und Vertrauen in den Prozess haben.
- Vertrauen: Dafür braucht es Halt und Raum, um sein zu können. Vertrauen, dass sich etwas zum rechten Zeitpunkt bzw. in der angemessenen Größe zeigen wird und dass es der Betroffene gut nehmen kann. Vertrauen in sich selbst.
- Offenheit: Ich will wissen, wer du bist, was für Erfahrungen du machst und wie du die Welt erlebst.
- Hingabe: Hingabe an mein Gegenüber, wobei man vorher ganz bei sich ist.
- Präsenz: Sich emotional berühren lassen und das persönliche Erleben gegebenenfalls in den Dialog mit einbringen.
- Mut: Weil das, was sich mir zeigen könnte, auch unangenehm sein kann. Weil man sich fragen könnte, was man mit dem Gezeigten jetzt machen soll.
- Geduld: Geduld mit sich selbst üben und Geduld für das Gegenüber haben.
- Demut: Demut vor den Grenzen der Therapie haben, vor dem, was nicht machbar ist und vor dem, das sich zeigt.

Der sich daraus ergebende therapeutische Arbeitsstil und die therapeutische Haltung zeigen sich darin, dass die eigene Wahrheit des Klienten gewürdigt und respektiert wird. Der Therapeut erforscht in einer offenen und neugierigen Haltung zusammen mit dem Klienten dessen subjektive Welt. Somit öffnet sich ein Raum für die Erscheinungen und ihre Wirkung. Der Klient hat wieder Raum, um

---

[93] Stephen Schoen, 1996, S.16

wahrzunehmen, was ist. Auf diese Weise kann er selbst etwas über sich erfahren und lernen. Dieser Haltung liegt auch das Vertrauen zu Grunde, dass der Klient die persönliche Bedeutung und Lösung seiner Probleme finden wird.

Als Gestalttherapeutin kann ich für gute Wachstumsbedingungen sorgen. Der Mensch kann gar nicht anders als wachsen – das ist eben vorgegeben. Es wächst alles zu seiner Zeit. Daher definiert sich eine weitere Aufgabe des Therapeuten, diesem Prozess nicht im Wege zu stehen. Dies reduziert deutlich meine Wichtigkeit als Therapeutin, aber verlangt nach meiner Wesentlichkeit, meinem wahren Sein. Heilung kann nicht mein Werk sein, sondern ist von ganz anderen Kräften abhängig, deren Medium ich sein kann.

4.2 Was ist ein Schamane und was ein schamanisch Tätiger?

Es gibt unzählige Übersetzungen und lange Auseinandersetzungen über die Wortbedeutung von „Schamane". Bei Paul Uccusic finden sich neun verschiedene Interpretationen des Wortes „Schamane". Er fügt an, „...was ein Schamane wirklich ist, kann man nur selbst erfahren, nicht aber sich anlesen."[94]. Hier möchte ich dennoch in Worte fassen, wie ein Schamane beschrieben werden könnte.

Das Wort „shaman", welches vor allem aus dem sibirischen Gebiet stammt, bedeutet übersetzt „mit Hitze und Feuer arbeiten" oder anders ausgedrückt „jemand, der Energie umwandelt". Feuer ist nicht nur eine Kraft, sondern auch Energie. Für die sibirischen Schamanen ist das Feuer die größte Kraft der Transformation. Dem Schamanen wird die Fähigkeit zu transformieren zugeschrieben. Er wird zudem als jemand beschrieben, der von einem bestimmten Wissen entfacht wurde, das aus der geistigen Welt stammt.

Das Wort „saman", aus der tungusischen Sprache aus Zentralasien (Altai-Sprache), kann übersetzt werden mit „der außer Fassung bzw. der verzückt ist."[95]. Dies bezeichnet einen Menschen, der einen Zustand spiritueller Erregung benutzt, um dank seiner Fähigkeit selbsttätig in

---

[94] Paul Uccusic, 1993, S.24
[95] zit. nach Uccusic, 1993, S.25

außernormale Bewusstseinszustände einzutreten, sowie aus dem alltäglich-gewöhnlichen Bereich der Realität auszutreten und in andere normalerweise nicht wahrnehmbare Wirklichkeiten der geistigen Welt zu gelangen. Dort kann er Hilfe für sich selbst und andere erhalten.

Der Schamane kann aus diesem Zustand des Ver-rücktseins wieder zurückkommen, denn er behält die Kontrolle. Er rückt die Welt wieder zurück. Der Schamane wird auch als der Spezialist der Trance und der Meister der Ekstase beschrieben.[96] Der Schamane hat die Fähigkeit zwischen den Welten zu wandern.

Wie für den Komponisten die Pausen wesentlich sind, damit eine Melodie als Ganzes sein darf, ist für den Schamanen das sogenannte „Nichts" essentiell. Er hat eine gute Wahrnehmung für das „Nichts" und findet dort zu Wesenheiten Kontakt.

Ein Schamane ehrt die Natur und die dahinter liegenden Kräfte. Schamanen kennen die Gesetzte der Natur, die Heilkräfte der Pflanzen, die Kraft der Elemente Erde, Feuer, Wasser, Luft und deren Zuordnung zu den Himmelsrichtungen. Sie kennen die verborgenen Kräfte hinter den sichtbaren Formen des Lebens und sie können sich selbst-bewusst verbinden und verbünden mit jener universellen Kraft, die alles hervorbringt und alles Leben beseelt.

Entgegen der im Westen oft verbreiteten Sichtweise, handelt es sich beim Schamanismus nicht um manipulierende Scharlatanerie oder Magie, sondern es geht darum, sich demütig führen zu lassen. Schamanen verstehen sich als Diener eines Größeren. Zum Schamanen und zur schamanischen Tätigkeit wird man berufen. Dieses Tun oder Sein kann nicht als Beruf gewählt werden, wie es der Therapeut vielleicht tut. Viele Therapeuten wissen nicht, dass sie berufen sind.

Ein schamanisch Tätiger soll sich nicht als Schamane betrachten. Ein schamanisch Tätiger ist einfach jemand, der Schamanimus praktiziert. Hierbei übt man regelmäßig, konsequent und liebevoll, um sich zu verbessern. Ob man schließlich die Fähigkeiten und Kräfte eines Schamanen erwirbt und dazu in der Lage sein wird, die gleichen Handlungen für andere durchzuführen, wie es Schamanen für ihre Stammesgemeinschaft tun, sollte von sekundärer Bedeutung sein.

---

[96] nach Eliade, zit. in Scharfetter, 2006

Scharfetter beschreibt, dass die diagnostische und therapeutische Tätigkeit des Schamanen nur eine von vielen Funktionen ist, die von diesem Mittler der kosmischen Ordnung für seine Gesellschaft geleistet wird; nämlich, dass der Schamane Einblick in den Kosmos hat, also über die alltägliche Realität hinaus sieht und dass er dort wie hier wirksam werden kann, für die Wiederherstellung und das Bewahren der Harmonie.[97]

Für mich ist der Schamane ein Urbild des heutigen Psychotherapeuten. Er kann diese moderne Sichtweise, die vor allem von den fünf Sinnen geprägt ist, durch den sechsten Sinn, die Intuition, ergänzen. Dieser Weg, mit dem Herzen zu gehen, ist für mich eine Möglichkeit des persönlichen Wachstums und der Weiterentwicklung, die unsere intuitiven Fähigkeiten in höchstem Maße schulen kann. Dies ist sowohl für die Therapie als auch für die Entwicklung der heutigen Gesellschaft, von Getrenntheit zu wieder mehr Verbundenheit, von Nöten.

4.3 Gemeinsamkeiten und Unterschiede

Ich möchte den Platz hier nutzen, um anhand von den zu Beginn dieses Buchs ausführlich beschriebenen Wurzeln der Gestalttherapie, die verschiedenen kleinen Parallelen zwischen Gestalttherapeut und Schamane zusammenzufassen.

Eine große Gemeinsamkeit zwischen Therapeut und Schamane kann man darin sehen, dass sie beide Mittler sind zwischen den heilenden Kräften und dem Heilungssuchenden. Ob der Weg nun über das Reich der Imagination in ihr Inneres oder in das Reich der Geister führt.

Im Menschenbild der Gestalttherapie geht man von der Weisheit des Organismus aus. Dies bedeutet, wenn jemand ein Problem hat, dann trägt er die Lösung bereits in sich. Der Schamane hat ein anderes Weltbild zur Verfügung, welches dieses bio-psycho-soziale Modell um die spirituelle oder transpersonale Dimension erweitert. Dies ist auch ein wesentlicher Unterschied. So ist es für den Schamanen klar, wenn in dieser Wirklichkeit ein Problem besteht, bringt er die Antwort in einer anderen Wirklichkeit in Erfahrung. Beide gehen davon aus, dass

---

[97] Scharfetter, 2006

die Antwort oder Lösung schon vorhanden ist. Wo genau jeweils diese Antwort zu finden ist und wie man das Potential entdecken kann, das ist eine andere Frage – eine Frage der Definitionen und Denkmodelle.

Die Begegnung zwischen Therapeut und Klient wird in der Gestalttherapie vor allem mit dem Buberschen „Ich-Du", also „von Mensch zu Mensch" beschrieben. Beim Schamanen wäre „von Seele zu Seele" eine schöne Umschreibung, weil in der Seele die göttliche Dimension miteinbezogen ist. Beide Haltungen zeichnen sich durch Offenheit und Vertrauen gegenüber dem, was sich der Bewusstheit zeigt, aus. Beide Richtungen respektieren und würdigen das Gegenüber. Stephen Schoen nennt diese Beziehung einen „interpersonalen Mystizismus"[98], die durch eine größere Gestalt getragen ist. Bei den Schamanen ist diese größere Gestalt oder Macht bekannt. Sie nennen sie den „Großen Geist". Gerade der „Große Geist" bewahrt dem Schamanen die Haltung von Demut und Respekt allem gegenüber.

Zentral für den Prozess des Heil-Werdens ist für den Gestalttherapeuten das Sein im Hier-und-Jetzt ohne Bewertung. Bei den Schamanen und vor allem in den Lehren des Medizinrades klar ersichtlich, gibt es ebenfalls keinen richtigen und keinen falschen Weg. Es geht darum, den Fluss des Lebens wahrzunehmen wie er ist, zu entdecken und daraus zu lernen.

Sich demütig und mit Vertrauen führen zu lassen, dies ist sowohl bei den Gestalttherapeuten wie auch bei den Schamanen zentral. Denn beide sind Mittler und sie alleine können keine Heilung erschaffen. Beide geben ihr Bestes, damit Heilung geschehen darf. Sie versuchen so gut es ihnen möglich ist auf die intuitive Führung zu vertrauen, weil sie sich im Feld des Fühlens und Spürens bewegen.

In der konkreten Heilarbeit und der methodischen Vorgehensweise gibt es also viele Überschneidungen. Durch die Psychotraumatherapie wurde insbesondere die Kraft der „inneren Helfer" wieder entdeckt und aktiviert, wobei mich dieses Helferteam stark an die Interaktion mit den Geistwesen der „Nichtalltäglichen Wirklichkeit" erinnert. Die Prozesse, vergleichbar mit der Seelenrückholung, finden sich vor allem in den verschiedenen Stuhlarbeiten wieder.

---

[98] Stephen Schoen, 1996, S.13

Neben diesen Parallelen bestehen jedoch auch wesentliche Unterschiede, vor allem in Bezug darauf, was die Wesenheiten sind. Es gibt mehrere Vorstellungen darüber. Die Mehrheit der westlichen Gesellschaften und Wissenschaften würden die schamanischen Reisen als imaginativ ansehen und auf innerpsychische Prozesse zurückführen. Die Wesenheiten wären Produkte der individuellen Psyche. Schamanisch Tätige erkennen die Reisen und hilfreichen Wesenheiten aufgrund ihrer Erfahrung als real an und erklären sie exosomatisch, folglich als externe Dimensionen und Wesen außerhalb ihrer eigenen Körpergrenzen. Was die Helferwesen der „Nichtalltäglichen Wirklichkeit" tatsächlich sind, kann nicht eindeutig beantwortet werden. Dem schamanischen Weltbild zufolge handelt es sich um externe Wesenheiten, die belebt sind, eine Seele und ein Bewusstsein haben und somit fähig und willens zur Interaktion sind.[99] Meiner Ansicht nach haben beide Erklärungen ihre Berechtigung, auch wenn ich als schamanisch Tätige von real existierenden, helfenden Kräften ausgehe.

Ein weiterer, wichtiger Unterschied, in dem ich auch die besondere Ergänzung der Psychotherapie durch schamanische Arbeit sehe, ist vor allem in der Kosmologie der Schamanen[100] begründet. Wenn der Psychotherapeut mit dem Klienten an und mit dessen Seele arbeitet, um diese wieder ganz werden zu lassen, wird das an und mit der Seele des lebenden Menschen getan. Natürlich arbeitet der Gestalttherapeut auch im Sinne der Ganzheit und erweitert seine Arbeit eventuell auf die näheren Verwandten oder auf das soziale Milieu des Klienten. Hier läuft vieles auf der mentalen und somit analysierbaren und sichtbaren Ebene ab. Auch der Schamane arbeitet auf ähnliche Art und Weise an und mit der Seele des Klienten. Jedoch ist für ihn die Verbundenheit nicht an Raum und Zeit gebunden und er hat deshalb die Möglichkeit, durch Arbeit in anderen Wirklichkeiten auch anders mit Seelen zu arbeiten. Denn im schamanischen Denken kann es sein, dass man Seelenteile mit dem Tod von geliebten Menschen weg gibt und diese kann der Schamane zurückholen. Es kann sein, dass Seelen von Verstorbenen nicht wissen, dass sie nicht mehr grobstofflich existent

---

[99] vgl. Vitebsky, 2007, S.32
[100] vgl. Kapitel 3.2.2

sind. Diesen kann der Schamane den Weg zu ihrer Erlösung zeigen (Psychopomposarbeit) und somit zu deren Heilung, damit sie nicht mehr auf lebende Menschen und ihre Seelen in der alltäglichen Wirklichkeit einwirken. Diese Vorgänge laufen aus schamanischer Sicht in der „Nichtalltäglichen Wirklichkeit" ab, die aber über die Verbundenheit eine direkte Wirkung auf die alltägliche Wirklichkeit und somit auch auf das Befinden der Klienten haben.

Diese spirituellen Aspekte sind für mich eine ergänzende, essentielle und noch „ganzheitlichere" Sicht des Menschen in seinem Umwelt-Feld. Noch weitergehend als die Sicht der Gestalttherapie ohne diese Spiritualität.

Zusammenfassend zeigt sich, dass Schamanismus und Psychotherapie einander sehr nahe sind. Beide Ansätze versuchen Heilungsprozesse zu initiieren, in dem sie sich mit ureigenen Themen der menschlichen Existenz beschäftigen. Beide leisten in diesem Sinne Seelenarbeit.

5 Was ist die Seele?

„Was das Unbewusste wirklich ist, wissen wir nicht...
Wir wissen auch nicht, was die Seele ist."
(Farau, 1999, S.46)

Schon während meines Psychologiestudiums war meine Erfahrung, dass über die Seele als solche nie ein Wort verloren wurde. Der Seele wurde nicht ermöglicht aufzutauchen – und das obwohl „Psyche" eigentlich „Seele" bedeutet. So kann die Psychologie, welche die wissenschaftliche Lehre der Seele ist, diese nicht wirklich beschreiben. Die Seele ist nach wie vor ein Mysterium, nicht greifbar und nicht quantifizierbar – daher nicht wissenschaftlich erklärbar.

Das darf aber kein Grund sein, sich selbst keine Gedanken über eine Definition, ein eigenes Bild und über Metaphern der Seele zu machen. Es darf auch kein Hindernis sein, für sich selbst zu erspüren und entstehen zu lassen, was die Seele für einen bedeutet. Vor allem für Psychotherapeuten, welche für mich Begleiter der Seele sind, ist es doch wesentlich, ein „Seelen-Bild" zu haben, welches den Boden für ihr Tun bereitet.

Ich war sehr berührt, als mir letzthin ein Papier zwischen die Finger kam, das ich als 14-Jährige beschrieben hatte: „Wenn wir alle Kinder Gottes sind, dann haben wir etwas Göttliches in uns. Doch wo ist es? Ist es die Seele? Ich denke, wenn ich mehr zu mir selber komme, ganz tief, dann werde ich wohl auch näher zu Gott kommen." In diesem Zusammenhang wollte ich auch unbedingt verstehen, was mir meine Träume sagen wollen – denn sie kommen ja von ganz tief in mir. Sie sind da, auch wenn ich schlafe. Woher kommen die Träume? Wer schickt sie? Ich dachte mir damals, wenn ich älter bin, kann ich sicherlich ganz genau erklären, was die Seele eigentlich ist. Doch auch heute nach einem intensiven Psychologiestudium und einer abgeschlossenen Therapieausbildung würde ich im Grunde keine andere Sichtweise der Seele nennen können. Sie ist etwas „schöpferisch Göttliches".

> „Kinder zeigen mir immer wieder, wie natürlich Spiritualität gelebt werden kann. Wenn Kinder mit ihren Ressourcen verbunden sind, sind sie auch verbunden mit der größten Welt, mit den Energien in und hinter den Dingen. … Kinder haben einen eigenen Zugang zu Spiritualität, ungebunden noch an religiöse oder kulturelle Gepflogenheiten. Das Kind lebt im Moment und ist auf natürliche Weise mit den „göttlichen" Energien verbunden."
> (Lerch, 2007, S.42)

Die folgenden Ausführungen sind Präzisierungen, die durch meine Erfahrungen während des Psychologiestudiums, in der Gestalttherapieausbildung und im Schamanismus zusammen gekommen sind.

5.1 Wissenschaftlich, theoretische Auseinandersetzung mit dem Begriff „Seele"

Psyche, Seele und der ewige Versuch der Begreifbarkeit des nicht Begreifbaren.

Seit Jahrtausenden spekulieren die Denker der Welt über die Existenz der Seele, ihr Wesen und ihr Ziel. Der griechische Philosoph Plato (429-347 v. Chr.) meinte, dass die Seele nicht die Person aus Fleisch und Blut, sondern das „wahre Individuum" sei. Der Philosoph Sokrates (469-399 v. Chr.) kam zum Schluss, dass die Seele eine unsichtbare Intelligenz ist, die den Körper mit seinem Gefühl der Lebendigkeit ausstatte und vor der menschlichen Gestaltwerdung existiere.[101]

Im Rahmen der Psychologie bzw. Psychotherapie wurde die „Seele" entweder eliminiert (etwa Verhaltenspsychologie) oder abgelöst durch andere Konzepte wie „Selbst", „Ich", „Identität" oder „Persönlichkeit", welche sich im Grunde auf Steuerungs- und Integrationsfunktionen der

---

[101] Meadows, 2004, S.169f.

Psyche beziehen. Es scheint, als hätte die Wissenschaft die Seele total vergessen.

...dieses feine Etwas, das wir als Seele bezeichnen, was uns Mitgefühl und Liebe empfinden lässt...

In der jungen Wissenschaft der Psychologie kann festgestellt werden, dass um Worte gerungen wird, da man anscheinend mit einem Phänomen konfrontiert ist, welches ganz klar existent wahrgenommen wird, jedoch mit den vorhandenen Mitteln nicht erschöpfend beschrieben werden kann.

5.2 Die Seele in der Gestalttherapie

In der Gestalttherapie gibt es die „Seele" als solches ebenfalls nicht. Auf der Suche nach der Seele in der Gestalttherapie werde ich am ehesten bei folgenden Konzepten fündig: „Selbst", „Organismus/Umwelt-Feld" und „Kontakt" bzw. der „Kontaktgrenze", genauer gesagt bei den „Grenzerlebnissen" – und dies meine ich wirklich in zweifacher Hinsicht: Einerseits im ursprünglichen Sinne, wie es Laura Perls beschrieben hat[102] und andererseits aus der transpersonalen Sicht über das Persönliche hinausgehend, bei dem der Mensch über die Grenze des Selbst hinausgeht, wie er es in anderen Bewusstseinszuständen erfahren kann[103] und sich mit der universellen Kraft, einem unermesslichen Schatz der Weisheit, verbinden kann.

Beginnen wir aber zuerst am Anfang der Gestalttherapie und bei deren ursprünglichen Konzepten. Perls, Hefferline und Goodman war es ein Anliegen, die Spaltung von Körper (body) und Geist (mind), wie es von der Psychoanalyse zu dieser Zeit postuliert wurde, zurückzuweisen und von einer „Seele" (soul) zu sprechen, in der beides zusammen stimmt, wie auch deren Bezogenheit zueinander.

---

[102] vgl. Kapitel 2.3.1.6
[103] vgl. Kapitel 3.3.1

Laut Blankertz sind die Wurzeln dieser psychotherapeutischen Deutungen in den philosophischen Schriften von Aristoteles (De anima) und den Schriften von Thomas von Aquin (Summa theologica) zu finden.[104] Goodmans Begriff des „Selbst" entspricht dem aristotelischen Begriff der „Seele". So wird das „Selbst" in der Gestalttherapie als umfassender Prozess verstanden: „als das System der ständig neuen Kontakte"[105] Es wird als Kontaktgrenze in Tätigkeit definiert, d.h. das „Selbst" gestaltet die Kontaktprozesse und ist darin erfahrbar. Das „Ich" stellt dabei nur eine Teilfunktion des „Selbst" dar – es unterscheidet zwischen „zu mir gehörend" und „fremd".

Zu dieser Zeit war dieses Konzept eine total neue Sichtweise, ein neuer Weg, den die Gestalttherapie damit einschlug. Der statischen Instanzenlehre der Psychoanalyse wurde ein dynamisches und funktionales Selbst entgegengesetzt, das sich im Kontaktprozess jeweils neu gestaltet. Dies ist eine systemische und konstruktivistische Perspektive. Das Selbst wird also nicht als Kern mit festem Sitz verstanden.

Bereits Paul Goodman und Fritz Perls waren sich aber über den Begriff des „Selbst" nicht einig. Fritz Perls scheint die Auffassung eines „wirklichen Selbst" als Grundlage zu haben, also von einem Kern mit festem Sitz auszugehen. In seinem Modell der neurotischen Schichten nimmt er einen Wesenskern, die authentische Persönlichkeit, an. Diese Sicht eines Wesenskerns stand einerseits im Widerspruch zu Paul Goodmans relationalem Selbst, andererseits wurde ein solcher Wesenskern in der humanistisch–psychologischen Tradition meist spirituell erklärt. Fritz Perls wollte sich dem nicht anschließen. Laut Reinhard Fuhr und Martina Gremmler-Fuhr[106] wollte er eine neuerliche Dichotomie zwischen einem Körper, der von höheren Wesen bewohnt sei, vermeiden. Deshalb stellte Fritz Perls seine Vorstellung von einem Wesenskern kurzerhand in den Zusammenhang mit dem relationalen Selbstverständnis Goodmans, indem er den Wesenskern mit „Awareness" gleichsetzte.

---

[104] Blankertz, 2000, S.73f.
[105] Perls et al., 2004, S.17
[106] vgl. Reinhard Fuhr und Martina Gremmler-Fuhr, 1995, S.177

In der Gestaltliteratur und -diskussion finden sich die vielfältigsten und auch widersprüchlichsten Vorstellungen von „Selbst". Auch hier zeigt sich, wie schwer es ist, den Wesenskern der Seele widerspruchsfrei zu beschreiben.

5.2.1 Das Selbst hat eine personale und transpersonale Seite

Trotz der Annahme, dass sich das „Selbst" immer wieder neu erschafft, haben wir doch ein Gefühl von unserem „Selbst", das konstant und überdauernd ist. Über die Jahre hinweg bleibe ich mit all meinen kleinen Veränderungen immer die gleiche Person, mit all meinen Eigenarten und meinem Charakter.

Wir alle kennen doch dieses Gefühl, z.B. bei Entscheidungen, dass man einfach weiß, ob etwas gut oder schlecht für einen ist oder man weiß, was passieren wird (Déjà-vu-Erlebnisse), obwohl man es verstandesmäßig eigentlich noch gar nicht wissen kann. Auch kennen wir alle, was Eugene Gendlin den „felt sense"[107] nennt, das ganzheitliche innere Empfinden, jenseits von Gefühlen und sinnlichen Wahrnehmungen. Es wird auch als „unmittelbare Resonanz" auf die Welt beschrieben. Wir begegnen einem fremden Menschen und reagieren in unserem Körper diffus, wohlwollend oder abweisend. Manchmal ist es auch so, dass wir einen Raum betreten und uns dann unerklärlicherweise wohl, heimisch oder verloren fühlen.

Dies ist vergleichbar mit dem Gefühl bei einer Stuhlarbeit, wenn man den Stuhl wechselt und sich somit in ein anderes Feld hineinbegibt. Man versetzt sich in einen anderen Menschen hinein und fühlt plötzlich, wie sich diese Person, mit der man sich gerade verbindet, gefühlsmäßig erlebt.

Es gibt demnach einen verlässlichen inneren Ort, den wir spüren können und der sich gleichwohl verändert, wenn wir uns diesem mit Aufmerksamkeit zuwenden. Dieser innere Ort speichert also lebens- und kulturgeschichtliche sowie archetypische Erfahrungen. Er ist sowohl persönlich wie auch überpersönlich oder transpersonal.

---

[107] Eugene Gendlin, 1996

„Offensichtlich gibt es nicht nur persönliche Gewohnheiten, sondern auch eine Reihe überindividueller Gewohnheiten, an denen wir als Personen teilhaben, die durch uns hindurchwirken."
(Fuhr & Gremmler-Fuhr, 1995, S.168)

Freud sprach von einem „kollektiven Gedächtnis der menschlichen Rasse". Auf ganz ähnliche Weise sah Carl Gustav Jung jeden Menschen als „unbewusst vermischt mit anderen Individuen" und beschrieb es als „kollektives Unbewusstes". Er nahm sogar die Existenz anderer Dimensionen und eine tiefe Verbindung zwischen dem menschlichen Bewusstsein und mystischen Zuständen oder höheren Wesen an und hob damit die Grenze der Bewusstheit auf. Im Schamanischen gibt es die Akasha-Chronik. Das ist der Ort, an dem alles gespeichert ist, was je auf der Welt gedacht und getan wurde.

In der Diskussion der Erweiterung des Gestalt-Ansatzes kommen Fuhr und Gremmler-Fuhr in ihren Ausführungen über das Selbst-Konzept zum Fazit, dass die bisherige Perspektive des Selbst um die existentiell-spirituelle Sicht zu ergänzen wäre.[108] Das würde heißen, dass das Umwelt-Feld von der bisher sozialen und räumlichen Umgebung zu erweitern ist und es danach als Feld bis hin zum Kosmos, als noch umfassendere Ordnungen des Seins, reichen würde. Sie sprechen in diesem Sinne von einem „Wachstum eines authentischen Selbstwertes, der uns zu wahrer Menschenliebe und sorgsamen Umgehensweisen mit unserer Mitwelt befähigt."[109].

Fuhr und Gremmler-Fuhr formulieren ein mögliches Selbst-Verständnis für die Gestalttherapie, in welchem die geistig-spirituelle Dimension integriert ist: „Das Selbst tritt immer nur in personaler Form in Erscheinung, wie umfassend die aktuellen persönlichen, die überpersönlichen und die umfassenden Anteile des Selbst auch sein mögen. Das, was wir als Selbst bezeichnen, ist Ausdruck der Einzigartigkeit jedes Einzelnen im jeweiligen Kontaktgeschehen (das relationale Selbst), auch wenn gleichzeitig etwas durch dieses Selbst hindurchscheint, das personenübergreifend und universal ist (das überpersönliche Selbst)."[110]

---

[108] Fuhr und Gremmler-Fuhr, 2001
[109] Fuhr und Gremmler-Fuhr, 2001, S.111
[110] Fuhr und Gremmler-Fuhr, 1995, S.169

5.2.2 Transzendenz

In den philosophischen und taoistischen Wurzeln der Gestalttherapie liegen Anregungen für die Entfaltung des oben beschriebenen, ursprünglichen relationalen Selbst-Begriffs.

Die Gestalttherapie kennt und formuliert die transpersonale Sichtweise, wenn auch implizit. Sie betrachtet Erfahrung als etwas, das größer ist als die Summe ihrer Teile und sie kennt auch die „kreative Leere", die „schöpferische Indifferenz"[111], die vergleichbar ist mit der „erfüllten Leere" des Buddha, somit des All-Eins-Gefühls. Fritz Perls war Meister der „Ego"-Reduktion.[112] Er wollte sich nicht auf das „Ego" einlassen, also nannte er es den „Charakter". Diesen setzte er mit einem System überkommener festgelegter Reaktionen gleich, die den Organismus beeinträchtigen. Für ihn war daher der reichste und schöpferischste Mensch der, welcher keinen Charakter hat. Die Gestalttherapie hat somit das Transpersonale im Interpersonalen gesehen.[113]

Dieses erweiterte Selbstverständnis kann durch Laura Perls' Worte wunderbar beschrieben werden: „Der Gestaltbildungsprozess ist genau das: das Transzendieren eines Zustandes und der Übergang zum nächsten."[114]

Sie beschreibt, dass wenn man die Aufmerksamkeit auf ein betrachtetes Objekt lenkt, man zu einem Teil von diesem werden kann. Basis dafür ist, dass man sich dabei in einem besonderen Bewusstseinszustand befinden muss. Im nachfolgenden Beispiel war dies ein Zustand höchster Erregung, konkret Angst, aber in gedankenfreier Qualität: „Ich trug eine rote Jacke und hatte Angst, wie die Tiere darauf reagieren könnten. Aber ich setzte meine Wanderung fort, und zwar in einem Zustand, den ich vielleicht als „außer mir sein" bezeichnen würde. …Ich weiß wirklich nicht, wie ich wieder herunterkam, aber ziemlich bald wurde mir klar, dass ich geradewegs durch die Herde

---

[111] Perls, 1985, S.19
[112] vgl. Naranjo, 1993, S.199f.
[113] vgl. Kapitel 2.3.5
[114] Laura Perls, 2005

gelaufen sein musste, als ob ich selbst eine Kuh wäre. Ich kann die Essenz dieser Erfahrung kaum wirklich beschreiben."

An dieser Stelle möchte ich dieses „Außer-Sich-Sein" gerne vertiefen. Denn es ist genau das, was der schamanisch Tätige in den schamanischen Reisen ganz bewusst tut, wenn er in die „Nichtalltägliche Wirklichkeit" mit verändertem Bewusstseinszustand reist, um von diesen Welten Hilfe und Ressourcen zur Bewältigung weltlicher Schwierigkeiten zu holen.

Fuhr und Gremmler-Fuhr formulieren aus gestalttherapeutischer Sicht zusammenfassend: „Am ehesten bestünde das Ziel von Persönlichkeitsentwicklung in der Fähigkeit, zwischen Identifikation und Desidentifikation immer wieder zu pendeln, also leidenschaftlich einzutauchen in das Alltagsleben und dann auch wieder „aufzusteigen" zu einem weiseren, umfassenderen Begreifen und Erleben, um dann wieder einzutauchen usf."[115]

> „Es gibt für jeden von uns immer wieder von neuem eine wesentlichere Wahrheit zu ergründen: die Ganzheit unseres personalen und transpersonalen Selbsts in der Tiefe unseres Seins."
> (Fuhr & Gremmler-Fuhr, 1995, S.184)

Selber durfte ich in meinem Praktikum in Bad Grönenbach eine spirituelle Abendveranstaltung miterleben, die Conny Stauss als feste Größe im Therapiealltag eingeplant hatte, da in seinem Modell des Menschen der „spirituelle Kern" im Zentrum steht. Es ist doch immer wieder der „spirituelle Moment" – nämlich die Erkenntnis, dass etwas „Größeres oder Höheres" außer einem selber existiert, was den Menschen am meisten weiterhilft aus seiner Not. Wenn mir Klienten davon erzählen, berührt dies immer wieder meine Seele.

Auch in meinem Leben war es so, dass ich auf meinem Weg zu mir selbst viel über mich erfahren habe und immer tiefer zu mir kam. Aber dieses Gefühl der „Einsamkeit", des Alleinseins, veränderte sich nicht. Erst als ich meine Grenzen überschreiten durfte, die Erfahrung machen konnte, dass es noch mehr gibt – erst als ich dieses Gefühl des All-Eins-Seins erfahren durfte, fühlte ich mich das erste Mal wirklich

---

[115] Fuhr und Gremmler-Fuhr, 1995, S.182

verbunden und ganz. Eine für mich bisher fehlende Dimension konnte ich integrieren und Türen haben sich mir geöffnet. Türen zu einer Welt, die ich wiedererkennen durfte.

5.2.3 Transpersonale Psychologie – neue Perspektive

In der traditionellen Psychologie werden essentielle Erfahrungen mit der geistigen Welt oft vernachlässigt. Mittlerweile ist vielen Menschen bewusst geworden, dass es notwendig ist, das westliche Verständnis von Psychologie mit dem Welterbe alter spiritueller Traditionen und Disziplinen, wie es der Schamanismus ist, zu verbinden.[116]

Vor ungefähr dreißig Jahren wurde die transpersonale Psychologie ins Leben gerufen. Sie entwickelte sich als so genannte 4. Kraft aus dem humanistischen Paradigma heraus. Ein wichtiger Vorläufer dieser Psychologie war die Gestalttherapie. Die transpersonale Psychologie geht – wie es schon der Name sagt „über das Persönliche hinausgehen" – einen radikalen Schritt weiter als die personale Psychologie. Sie sieht und akzeptiert die Existenz spiritueller Erfahrungen als real und baut sie explizit und bewusst in die therapeutische Praxis ein.

Die spirituelle Perspektive wurde eingeführt und hat seitdem den Horizont der Psychotherapie deutlich erweitert. Die neue Psychologie schließt das gesamte Spektrum der menschlichen Erfahrungen ein. Die geheimnisvollen Dimensionen, die sich als veränderte Bewusstseinszustände im Menschen manifestieren, die spirituellen Phänomene, werden nicht mehr ignoriert, abgelehnt oder sogar pathologisiert. Somit sind die personale wie auch die transpersonale Psychologie und die Psychotherapie keine konkurrierenden Disziplinen, sondern sie brauchen einander und ergänzen sich.

In der transpersonalen Psychologie ist die Erweiterung des Bewusstseins über die Ich-Grenzen und über die gewöhnlichen Grenzen von Raum und Zeit hinaus impliziert. Somit wird die Funktion der veränderten Bewusstseinszustände auch als Ressource und Potential für die therapeutische Arbeit an Gesundheit und Wohlbefinden eingesetzt. Die Arbeit in veränderten Bewusstseinszuständen wird als

---

116 vgl. Lamesch, 2007, S.32

gesundheitsfördernd betrachtet und Krankheit als Transformations-prozess definiert.

Walsh betont, dass im Rahmen der transpersonalen Psychologie das Personale nicht vernachlässigt, sondern erweitert und überschritten wird.[117] Jeder Mensch trägt personale und auch transpersonale Aspekte in sich, die er entwickeln kann und soll.

5.2.4 Phänomenologische Beschreibung – Metaphern der Seele

> „Des Menschen Seele
> Gleicht dem Wasser:
> Vom Himmel kommt es,
> Zum Himmel steigt es,
> Und wieder nieder
> Zur Erde muss es,
> Ewig wechselnd..."
> (Johann Wolfgang von Goethe, 1987, S.318)

Verlassen wir nun diesen theoretischen Bereich der Auseinander-setzung mit dem Begriff der „Seele" oder dem „Selbst" und wechseln wir zu einer phänomenologisch, beschreibenden Weise, was die Seele ist und was sie ausmacht. Die phänomenologische Betrachtungsweise scheint einfacher und stimmiger zu sein beim Versuch, die Seele zu fassen, denn jeder kann sie anders erleben und die Wahrheit eines jeden, wie er und sie die Seele erlebt, hat in der Phänomenologie seine Berechtigung.

Während meiner wiederholten Beschäftigung mit der Seele kam mir spontan die Idee, meine Klienten bezüglich ihrer Vorstellungen, Bilder und Worte zur Seele zu befragen. Die meisten von ihnen haben kaum jemals darüber nachgedacht. Umso schöner war es anzusehen, wie sie ihre Aufmerksamkeit darauf richteten, wie sich die Seele freute und ein Strahlen auf ihr Gesicht zauberte. Dies bewog mich, künftig bei einem Erstgespräch diese Frage nach der Seele zu stellen.

---

[117] Walsh, 2005, 165f.

Viele haben die Vorstellung, dass die Seele etwas im Körper Innenwohnendes, nahe beim Herzen oder im Herzen ist. Es sei das Gute im Menschen, das die Person ausmache. Das mögliche Aussehen der Seele, beschreibt eine 23-jährige Psychologiestudentin als etwas Diffuses, wie eine Rauchwolke, aber losgelöst vom Körper.

Eine 21-jährige Chemielaborantin spricht von einem Geist, weißlich – ähnlich wie Casper (ein freundlicher Geist aus einem Trickfilm). Er sehe aber gleich aus wie sie und sei mitten in ihrem Körper, habe keinen festen Platz und dehne sich im Körper aus.

Eine 16-jährige Schülerin sagt von der Seele, dass sie manchmal glücklich und manchmal traurig sein kann – dann müsse sie weinen.

„Die Seele ist den Menschen sehr nahe, da sie ihr inneres Sein ist.
Sie hat Gefühle, erlebt Freude und Trauer, Begeisterung und
Niedergeschlagenheit, Aufregung und Traumen, denn sie ist die
Quelle Ihrer wahren Gefühlen."
(Meadows, 2004, S.171)

Eine 42-jährige Musiklehrerin hat ein schönes Bild, wie es äußerlich sichtbar werden könnte, wenn man mit seiner Seele in Kontakt ist. Die Seele lebe im Körper und manchmal gäbe man ihr viel Platz, manchmal weniger. Bei einem in sich ruhenden Menschen habe die Seele in der Mitte ihren Platz und könne sich ausbreiten.

Ein 39-jähriger technischer Kaufmann meint, die Seele sei tief im Herzen und sie sei Energie – im Prinzip Lebensenergie. Sie sei vergleichbar mit dem Benzin fürs Auto, ja die Seele bewege ihn.

Eine sehr schamanische Vorstellung von Seele hat eine 17-jährige Schülerin. Ihrer Meinung nach sei die Seele eigentlich unsterblich. Aber sie könne sterben und vom Menschen weg gehen – dies könne ein sehr großes Trauma auslösen. Der Mensch fühle sich dann nicht mehr gesund, arbeite zwar noch, empfinde aber nichts mehr dabei. Denn alles, was ihn fühlen lasse, sei die Seele. Die Seele hauche einem die Freude am Leben ein.

Auch sehr schamanisch ist die Beschreibung eines 25-jährigen Spediteurs, der sagt, dass alles Lebendige für ihn eine Seele habe: die Natur, Tiere, etc. Dies könne er vor allem bei Katzen erkennen, denn diese mögen nicht alle Menschen. Bei einigen seien sie gerne, bei den anderen kämen sie nicht einmal in ihre Nähe.

Eine weitere Beschreibung, welche die spirituelle Dimension miteinbezieht, kommt von einer 59-jährigen ehemaligen Lehrerin, die meint, die Seele sei der göttliche Teil in uns. Alles sei eine Einheit. Aus einem bestimmten Grund manifestiere sich die Seele und werde zum Körper, der auf einer bestimmten Ebene noch immer Verbindung zum Göttlichen habe.

Die Seele sei jener Teil von uns, der über irdische Geburt und Tod hinausreiche, nicht an die Erde gebunden sei und weder Raum noch Zeit kenne, ist das Bild einer 55-jährigen ehemaligen Pflegefachfrau.

Ist es nicht faszinierend? Kaum jemand hat jemals über die Seele nachgedacht, aber alle spüren sie und empfangen so wundervolle Bilder von ihr.

5.3 Die Seele im Schamanismus

Für mich ist die Seele die Ursache und das Leben ist die Wirkung. Die Seele ist die zentrale Lebenskraft, die in einem Menschen steckt, der lebendige Teil von uns selbst, das wahre Wesen – nicht seine erlernten Verhaltensmodifikationen.

Dementsprechend zeigt sich mir die Seele auf schamanischen Reisen auf so unterschiedlich vielfältige und einzigartige Weise, wie es Menschen gibt. Mal sehe ich Farben, Formen oder Bilder. Manchmal ist es auch ein Gefühl oder etwas, das ich höre. Es kommt darauf an, was in meinem Hintergrund liegt, was ich wahrnehmen kann und wie der Klient und ich in diesem Moment gerade in Kontakt sind – wie unsere Seelen in Berührung sind.

Für mich hat es nichts mit Glauben oder Glaube zu tun, sondern mit Erfahren und Erleben. An diesem Punkt treffen sich für mich die schamanische Arbeit und die Gestalttherapie von ihren phänomenologischen Wurzeln her.

Nach schamanischer Auffassung ist alles, was ist, belebt und daher beseelt und bewusst. Daher sind die Seele und das Bewusstsein nicht nur typisch für den Menschen, sondern für alle anderen Dinge und Wesen auch. Deshalb können wir, solange wir in unserer physischen Form existieren, die Seele nicht vollends verlieren. In dieser ganzheitlichen und transpersonalen Sicht wird die „Individualseele" als Spiegel der „Seele des Kosmos" aufgefasst.

Egal welche Erklärungen und Erfahrungen wir mit der Seele verbinden – jeder kann bei seiner Wirklichkeitskonstruktion bleiben und hervorragend damit arbeiten, denn das Reich der Seele und der Geistwesen sind ohnehin eins.

Eine kurze und handliche Formulierung nennt Uccusic für die „Seele": „die Essenz des Menschen, der lebendige Teil von uns selbst."[118] Eine ursprüngliche Lebenskraft, die sich nicht nur bewusst, sondern auch unbewusst manifestiert.

Sandra Ingerman betrachtet die „Seele" als „essentielle Lebenskraft"[119], die uns am Leben erhält und sich durch Lebenserfahrungen weiterentwickelt. Abgrenzend davon versteht sie „Geist" als die Repräsentation der spirituellen Dimensionen und Instanzen.

Sowohl in indigenen Kulturen als auch in Teilen der westlichen Welt wird „Seele" nicht dermaßen stark als Gesamtheit gesehen, wie vielleicht auf den ersten Blick vermutet werden kann. Vielmehr wird von einer konstituierenden Einheit „Seele" ausgegangen, die aus mehreren Teilen zusammengesetzt ist.[120]

---

[118] Uccusic, 1993, S.147
[119] Sandra Ingerman, 2007, S.23-24
[120] vgl. Uccusic, 1993, S.149

Bei den Jakuten (fernöstliches Sibirien) gibt es 3 Seelen. Die *Erdseele*, sie bleibt beim Tod mit dem Körper in der Erde. Die *Luftseele*, welche als Geist in der Luft herum irrt und die *Mutterseele*, sie ist die Hauptseele, das eigentliche Lebensprinzip. Bei den Ostjaken (finno-ugrische Ethnie der Chanten) bestehen 7 Seelen. Die *Hauptseele* bewegt sich außerhalb, die *anderen 6* halten sich im Körper auf. Bei den Lakota (Eigenbezeichnung für „Verbündete" – Gebiete der heutigen US-Bundesstaaten South Dakota, North Dakota und Nebraska) gibt es 4 Seelen. Der *Atem-des-Lebens* verlässt den Menschen bei seinem Tode, die *Geist-Seele* und *kleiner Geist* ist Teil der Weltseele im Menschen. Über diesen Teil fühlt sich der Lakota mit allem, was existiert und daher lebendig ist, verbunden. Die *heilige Seele* kann man über die Verbindung mit dem Übernatürlichen erhalten und vor allem durch Rituale.

Diese verschiedenen Vorstellungen sind im Laufe von tausenden von Jahren gewachsen, da sie sich durch die praktische Anwendung im Alltag, im Dienste der Heilung, bewährt haben. Sie sind nicht kompliziert, sondern einfach und praktisch versteh- und anwendbar.

Seelenteile schlummern sehr wohl in allen Objekten, denn sie sind eine Schöpfung des Göttlichen, jedoch bedarf es deren Erweckung. Nicht zuletzt haben wir doch in allen Traditionen die rituelle Handlung des „Einblasens von Leben" in ein Objekt, um dieses zu erwecken, um es über den Atem mit dem Göttlichen zu verbinden. Dies bedeutet, Materie mit Nichtmaterie (handelndem Geist) zu verbinden und damit zu beleben. Sogar die christliche Tradition bedient sich dessen in der Schöpfungsgeschichte im Alten Testament, z.B. als der Schöpfer Adam, den er aus der Erde geformt hat, das Leben (die Seele – den immateriellen Teil) einhaucht.

Es ist auch das Atmen, das ein menschliches Leben beginnt und der letzte Atemzug, der es beendet. Mit diesem Atem findet die Bindung der materiellen und der immateriellen Qualitäten zu einer manifestierten Seele statt. So wie es in vielen Traditionen auf diese Weise zur „unio mystica" kommt – zur „göttlichen Hochzeit" oder Vereinigung.

Paul Uccusic beschreibt die Vorstellung des „Seelenvogels" bei den Griechen. Der Seelenvogel flog weg, sobald ein Menschenwesen den

Übergang in die Bewusstseinsstufe des Todes tat.[121] In der christlichen Tradition finden wir den Seelenvogel, jedoch dargestellt als reine weiße Taube (der Heilige Geist) als Symbol des Friedens und damit der Harmonie zwischen materiellen und immateriellen Bewusstseinseinheiten.

Seele, Vogel, Flügel und Geist haben immer eine Verbindung, egal in welchen Traditionen und diese Traditionen haben aus der Natur gelernt – vielleicht waren die Seele und der Geist für sie auch wahr-nehm-bar.

Kenneth Meadows ist Collegelehrer und Journalist. Er war Schüler von indianischen, englischen, skandinavischen und keltischen Schamanen. Heute ist er einer der profiliertesten Kenner schamanischer Techniken und Weisheiten. In seinem Buch „Das Buch des Schamanismus" beschreibt er in schönen Worten die Wirklichkeit der Seele: „Unsere Seele ist ganz einfach unser *inneres* Sein. Sie beherbergt unseren eigenen unerschöpflichen schöpferischen Ursprung. Die Seele ist für den spirituellen *Geist*, was die Knochen für den Körper sind – der Haltungsapparat auf spirituell-*geistiger* Ebene. Schöpferkraft kommt von der Seele, nicht vom mentalen Geist. Der Geist ist ein Prozess, den die Seele nutzt, damit sie ihre Schöpferkraft in physischer Form ausdrücken kann. Wenn Sie schöpferisch sind, kommen Sie in Einklang mit der Seele und Ihrem eigenen spirituell-*geistigen* Ursprung."[122]

---

[121] Paul Uccusic, 1993, S.148
[122] Kenneth Meadows, 2004, S.171

6 Wie geschieht Heilung?

*„Heilend ist, wenn man das Wesen im anderen sieht, mit dem was er ist und den
Potentialen, die in ihm stecken. Wenn man darauf reagiert und ein Gegenüber ist,
nicht nur auf seine Manifestationen, sondern auf das Wesen dahinter,
dann darf Heilung geschehen."*
(Katharina Martin, 2007)

In diesem Kapitel möchte ich zusammenfassend benennen und darauf
hinweisen, was bereits in den einzelnen vorangegangenen Kapiteln
detailliert herausgearbeitet und beleuchtet wurde und dazu beitragen
kann, dass Heilung geschehen darf.

Wie geschieht Heilung?

In der Gestalttherapie: Beziehung von Mensch zu Mensch, Präsenz,
Hier-und-Jetzt, Bewusstheit, organismische Selbstregulation,
Selbstverantwortung, Paradox der Veränderung, Sich annehmen
(Polaritäten) und Ganzheit im Sein.

Im Schamanismus: Nichtalltägliche Wirklichkeit (spirituelle
Dimension), Vertrauen, Mittler- und Wandlertum und Balance der
Lebensenergie.

Wie im obigen Zitat von Katharina Martin gut erfahrbar, können die
besondere Haltung des Gestalttherapeuten sowie der Prozess und die
Methode für sich bereits heilsam sein. Die Gestalttherapeutin
unterstützt den Klienten, damit er für sich selbst neue Wege finden und
für gute Wachstumsbedingungen sorgen kann. In einer offenen und
neugierigen Haltung, von Mensch zu Mensch, beginnt sie mit dem

Klienten seine subjektive Welt zu erforschen. Es wird ein Raum eröffnet, in dem sich der Klient im Hier-und-Jetzt erleben darf, bis dieser die erlernten, wachstumshemmenden Mechanismen erkennt und sich auf die aktuelle Wirklichkeit sinnvoll beziehen kann.

Die Erfahrung im Hier-und-Jetzt kann mit Hilfe der Förderung der Bewusstheit (Gewahrsein, Awareness) noch intensiviert werden. Bewusstheit ist der Zustand des lebendigen Organismus, der mit sich und der Umwelt in Kontakt ist, ohne dass Blockierungen wie z.B. neurotische Mechanismen die bewusste Wahrnehmung seiner selbst und des anderen trüben oder einschränken. Bewusstheit „per se" ist demnach bereits heilend.

Bei voller Bewusstheit weiß man um die organismische Selbst-regulation und kann dem Organismus die Herrschaft überlassen, ohne dass man dazwischen geht und diesen Fluss unterbricht. Dies meint auch, dass wir uns auf die Weisheit des Organismus verlassen können.

Die Heilung in der Gestalttherapie besteht unter anderem auch darin, Verantwortung für das zu übernehmen, was wir wirklich tun und nicht nur für unsere guten Absichten. Was wir tun und was wir wollen sind manchmal zwei verschiedene Dinge. Es gilt auch Verantwortung dafür zu übernehmen, was wir unterlassen haben zu tun.[123]

Die paradoxe Theorie der Veränderung und der Prozess, den sie hervorruft, sind heilend. Wenn der Klient einfach ist, was er ist, nicht versucht etwas zu werden, das er nicht ist. Dann kann Heilung geschehen. Der Klient fühlt sich angenommen und kann nun selbst beginnen, sich auch innerlich anzunehmen und zu lieben. Innere Polaritäten, abgelehnte und verschüttete Seiten, können liebevoll angeschaut werden und sich miteinander versöhnen, sich in der Mitte treffen. Auf diese Weise findet auch der Klient in seine Mitte.

> „Mit Hilfe der Gestalttherapie versuche ich, dort wo ich bin, glücklich zu sein.
> … Ich arbeite daran, mich selbst freizulassen."
> (Stevens, 2000, S.55)

Das eigentlich Heilende ist weder der Klient noch der Therapeut, sondern etwas Drittes, wie immer man sich dieses Dritte auch

---

[123] vgl. Beaumont, 1999

vorstellen mag. Ob nun dieses Dritte in oder außerhalb von mir lokalisiert wird, ist nur eine Frage seiner Wirklichkeitskonstruktion. Vermutlich handelt es sich immer um dasselbe unter verschiedenen Bezeichnungen. Die dritte Kraft im Bunde ist es, die Heilung ermöglicht. Geheilt wird also mit Hilfe jener Ressourcen, die in der humanistischen Psychologie oft als die uns innewohnende Fülle der Weisheit und Heilkraft bezeichnet wird. Dies ist eben ein im Menschen selbst liegendes und oft nur teilbewusstes Potential von Heilenergien. Im Schamanismus werden sie als mächtige Geistwesen in den anderen Welten erlebt, die uns helfend zur Seite stehen.

Im Schamanismus gibt es klar identifizierbare Kerntechniken in der Feststellung und Umwandlung von krankmachenden Prozessen, welche unmittelbar mit dem Einsatz der schamanischen Reise als Kernmethode in Verbindung stehen.[124] Eine der wesentlichsten Aufgaben des Schamanen besteht darin, „ganz und heil zu machen".

Die schamanische Sicht von Gesundheit und Krankheit ist einfach und klar und lautet wie folgt: Krank wird man entweder, wenn man von etwas zu viel in sich hat – einen sogenannten Eindringling. In diesem Fall kann das „Krankmachende" aus dem Kranken herausgezogen werden (Methode der Extraktion). Oder krank wird man ebenfalls, wenn man von etwas zu wenig hat, einem etwas fehlt wie z.B. Kraft oder verloren gegangen Seelenteile. In diesem Fall wird das Fehlende wieder gebracht (Methode der Rückholung). Der Schamane reist ins Reich der Helferwesen und bringt die Seelenteile zurück. Der Schamanismus heilt also durch Ausbalancieren der Lebensenergie, welche durch die Verbundenheit des Menschen mit seiner Umgebung (Kosmos) zustande kommt.

Schamanismus kann als komplementäres Heilsystem zu medizinischen, psychologisch oder sonstigen Therapien gesehen werden, welches sich vorwiegend mit Aspekten beschäftigt, die mit unserem alltäglichen Wachbewusstsein nicht greif- und erfahrbar sind. Heilung geschieht durch Ausbalancieren der Lebensenergie.

---

[124] vgl. Kapitel 3.3

Die Lehre der Natur und die daraus erwachsene Sicht zum Heilwerden

Wie die Pflanzen Licht und Wasser brauchen, bedarf die Seele zweier Einflüsse zur ungehinderten Entfaltung: Liebe und Selbstvertiefung. Liebe ist wie das Wachstum eines Baumes in die Höhe. Selbstvertiefung gleicht dem Eindringen seiner Wurzeln ins Erdreich. In gleichzeitiger Ausdehnung nach oben und unten gewinnt der Baum an Größe. Wer nur in seine Tiefe geht, scheitert an mangelndem Licht und wer sich nur auf die Liebe versteht, bleibt darin ohne Wurzeln und wird vom ersten starken Wind verweht. Es ist die Verbindung, die es ausmacht – wie die Verbindung zwischen Schamanismus und Psychotherapie.

7 Die Lehre des Medizinrades und die gestalttherapeutische Praxis

Kraft tanken in der Natur ist ein altes Wissen und wenn wir in unserem kleinen Kreislauf gefangen sind, verzweifelt und hilflos, dann tun wir dies automatisch und öffnen uns dem großen Kreislauf. Wir erfahren die Verbundenheit und unsere Seele erfährt Heilung.

Die Lehre des Medizinrades beschreibt eine hoch entwickelte Wachstumspsychologie, die von den indigenen Völkern erfahren und gelehrt wurde. Die Erkenntnisse aus der Natur gelten heute als den Menschen transzendierende und spirituelle Ansätze. Es gibt umwerfende Ähnlichkeiten zwischen manchen dieser empirischen Werte und den Konzepten, die Fritz Perls für die Gestalttherapie ausschlaggebend herausfilterte.

Zuerst möchte ich hier in die Welt des Medizinrades und seiner Weisheiten führen und danach einige Parallelen aufzeigen, die mir zur Gestalttherapie auffallen. Ich bin mir sicher, es ließen sich noch einige mehr finden.

Medizinräder sind Steinkreise, die man intakt oder deren Reste man überall auf der Welt finden kann. Das Medizinrad ist ein Spiegel des gesamten Universums und damit auch ein Spiegel des eigenen Seins.

Das Medizinrad basiert auf der indianischen Vorstellung vom menschlichen Leben als einem Kreis von Geburt, Tod und Wiedergeburt. Dieser Kreislauf ist wiederum eingebettet in den Erdkreis, die Natur und die Welt, die den Menschen umgibt. Die alten Völker sahen ihre Welt in Kreisen und Kreisläufen. Sie betrachteten die Zeit nicht linear, sondern kreisförmig. Das Wissen um die Kräfte des

Medizinrades und die Gesetzmäßigkeiten der Natur und der Elemente ist ein integrierter Bestandteil des Lebens dieser Völker.

Medizinräder waren und sind heilige Plätze, an denen Menschen zusammenkommen zu Zeremonien, Tanz und Gesang, um etwas über ihr Leben zu erfahren, Heilung zu empfangen und der Erde zu danken. Das Medizinrad lehrt uns Verbundenheit, Gleichgewicht und Harmonie und hilft uns, diese Qualitäten mit ganzheitlicher Orientierung in unser Leben zu bringen.

Die einfachste Form des Medizinrades kann man sich wie ein Rad vorstellen, mit den vier verschiedenen Hauptwindrichtungen: Osten, Westen, Süden und Norden. Diese Orte im heiligen Raum des Schamanen haben besondere Energien und stellen Perspektiven dar, die Welt zu sehen.

Unter anderem werden den verschiedenen Richtungen im Medizinrad auch verschiedene Werkzeuge zugeordnet, mit deren Hilfe wir auf die eigene Freiheit und unser Wachstum hinarbeiten können. Im Süden ist der Ort, wo die Psychotherapie zu Hause ist. Es ist der Ort des Seelenheilens. Alle Methoden, welche die Wunden des Emotional-körpers heilen, haben hier ihren Platz und können wirken und somit den Menschen auf seinem Weg durch das Medizinrad weiterbringen – was die Reise des Erwachens und des Wachstums zu seiner Ganzheit bedeutet.

7.1 Wahrnehmungsarten im Medizinrad und Parallelen zur Gestalttherapie

Wenn wir eine Antwort auf ein bestimmtes Problem oder Anliegen finden möchten, können wir in das Medizinrad einsteigen und das Anliegen in der Mitte des Rades von allen Richtungen betrachten und erfahrbar machen, um so ein umfassenderes Bild zu erhalten.

In der einfachsten Form des Medizinrades bestehen vier grundlegend verschiedene Arten des Wahrnehmens (4 Windrichtungen). Unsere ursprüngliche Art der Wahrnehmung wird als Ausgangspunkt im Leben gesehen und diese bleibt die Vertrauteste. Jede Art wahrzunehmen ist anders, aber keine ist von größerem Wert als die andere. Heilung und

Zufriedenheit in uns kann entstehen, indem wir die verschiedenen Arten des Wahrnehmens erlebbar machen, diese entwickeln und in die Realität umsetzen, um schließlich heil (rund) zu werden, so dass das Medizinrad vollständig wird.

Jeder, der bereits für sich selber in einem Medizinrad gearbeitet hat, weiß um diese verschiedenen Wahrnehmungsqualitäten, die einen ganz machen. Ansonsten sollen diese Erläuterungen helfen, ein Gefühl oder Verständnis für diese Energien zu bekommen, um sie dann eventuell selber zu entdecken und sie in die eigene therapeutische Praxis integrieren zu können:

Der Süden-Mensch oder die Wahrnehmung des Menschen im Süden ist durch die Maus dargestellt. Der Süden ist der *Platz der Gefühle,* das zu Hause des *Elementes Wassers* und das *Reich der Pflanzen* – so auch des Grases. Esbaugh beschreibt diese Sichtweise des Südens folgendermaßen: „Unten im Gras der Prärie sitzt die *Maus.* Das Gras ist hoch und die Maus ist unfähig, über das Gras hinweg die Dinge zu sehen."[125] Der Süden-Mensch weiß nur von den Dingen, die seine Nase direkt berühren. Dieser Mensch versinnbildlicht Naivität, Vertrauen und Unschuld. Da der Maus andere Arten der Wahrnehmung fehlen, wird sie mit Angst und Ahnungslosigkeit durch das Leben gehen.

Der Westen-Mensch ist dargestellt durch den *Bären* als Symbol der *Introspektion,* dem Blick nach innen: „Es ist, wie ich innen bin." Im Westen ist das *Element Erde* beheimatet und damit auch das *Reich der Steine.* Es ist der Platz der Materie, der Geborgenheit, der Versorgung und der *Heilung.* Der Bär wird im Indianischen auch als der große Heiler bezeichnet. Nicht zuletzt deshalb, weil er sich in der kalten Jahreszeit in seine Höhle zurückzieht und in seinem „Wintertraum" sein bisheriges Leben reflektiert, um im Frühjahr wieder aufzuerstehen, nachdem er seinen „Tod" gestorben ist. Der Westen ist somit auch der *Platz des Todes.* Der Westen-Mensch stirbt den „kleinen Tod", dies meint den innerlichen wie äußerlichen Rückzug (in die Bärenhöhle) in Krisenzeiten zur Verarbeitung des psychischen Schmerzes. Nach diesem Rückzug hat der Westen-Mensch in seiner Stille neue Erfahrungen gemacht, somit ist er bereits auf seinem Weg in den

---

[125] Esbaugh, 1981, S.33

Norden aufgebrochen, denn diese Erfahrungen haben ihn weiser gemacht. Der reine Westen-Mensch wird die gleiche Information immer wieder erfahren, da ihm die Position von außen fehlt.

Der Norden-Mensch ist dargestellt durch den *Büffel* und steht für das „*Hergeben*". Im Norden ist das *Element Luft* beheimatet und es ist das *Reich der Tiere*. Es ist auch der Platz der Weisheit, der Klarheit und des Tatendranges (des Handelns). Der Norden ist Ausgangspunkt des roten Pfades nach Süden (Ort der Gefühle). Auf diesem Weg gilt es einen Ausgleich zu schaffen, denn was könnte der „Weiseste ohne Gefühle" bewirken? Der Büffel war einst für das Überleben der indianischen Völker eines der wichtigsten Tiere. Alles vom Büffel wurde verwendet. Anders formuliert: Der Büffel gab den Indianern alles von sich. Die Wahrnehmung dieser Richtung ist weise, der Mensch nimmt mit Weisheit wahr.

Der Osten-Mensch ist dargestellt durch den *Adler* und ist das *Symbol der Freiheit* und der Kreativität. Im Osten ist das *Element Feuer* zu Hause. Es ist das *Reich des Menschen*. Der goldene Osten ist die Erleuchtung und steht für die erleuchtete Freiheit. Der Adler ist fern am Himmel und kann über große Entfernungen blicken. Er bekommt einen Überblick über die Dinge. Es ist der Platz jener Weitsicht, die es ermöglicht, nicht wieder dieselbe Erfahrung machen zu müssen. Diese Weitsicht erlaubt es, in das Zentrum des Rades zu gehen, sofern der blaue Pfad, die Ost-West-Achse (Weg des Körpers und des Geistes), wie auch der rote Pfad, die Nord-Süd-Achse (Weg des Herzens, der Gefühle, des Verstands und der Seele) sich in Balance befinden. Erst dann ist der Mensch fähig, das Medizinrad zu drehen, um die volle Verantwortung für sein Leben zu übernehmen. Der Osten-Mensch nur mit seiner Wahrnehmung der Weitsicht alleine, ist jedoch entrückt, getrennt vom Leben und kann keine Nähe spüren.

Wenn wir diese verschiedenen Arten der Wahrnehmung erleben, können wir auch Entscheidungen über den Ausgleich dieser Wahrnehmungsmöglichkeiten treffen. So ist es wichtig, die gefühlsgeprägten Wahrnehmungen des Südens mit der versorgenden, heilenden Qualität des Westens und der Weisheit des Nordens zu überprüfen und so mit der Weitsicht und Erleuchtung des Ostens in Verbindung zu setzen.

Von den Lehren des Medizinrades getragen, lässt sich die Gestalt-psychotherapeutin in mir führen und erkennt, dass es nicht immer etwas zu verändern gilt. Manchmal ist es auch so, dass der Klient den „kleinen Tod" sterben darf und von mir durch diese Zeit der Trauer begleitet wird. Wenn es an der Zeit ist, kann der Klient den Weg in den Norden weiter gehen, in die Erkenntnis, die vorbereitet auf den Osten mit der Qualität der Weitsicht, um nicht wieder denselben Tod sterben zu müssen.

Parallelen zur Gestalttherapie

Viele Aussagen, die Fritz Perls gemacht hat, als er die Philosophie der Gestalttherapie zu erklären versuchte, ähneln den Lehren, die man aus dem Medizinrad erfahren kann. So stellt der Kreis das Ganze dar, das aus den Gegensätzen gemacht ist.[126] In jedem Teil des Universums ist der Kern für sein Gegenteil. Uns bewusst zu sein über unsere Gegensätze ist ein wichtiger Teil unserer Reise durch das Medizinrad.

Der Schamanismus und die Gestalttherapie bieten beide Einsichten an, wie wir Menschen anfangen können, mehr von unserem Potential aufzuspüren und zu wachsen. Beide betonen die Ganzheit des Seins. Ganz und gar im jetzigen Moment zu sein, im Hier-und-Jetzt, umfasst die ganze Person, ihre Gedanken, Gefühle und Handlungen.

Im Zentrum des Rades, in dem alle verschiedenen Wahrnehmungs-arten und die damit verbundenen Erfahrungen zusammen kommen, können wir die volle Verantwortung für die eigene Existenz und unsere Handlungen übernehmen. In der Gestalttherapie wird als wesentlicher Aspekt für die Heilung das Übernehmen von Selbstverantwortung betont. Dies meint, dass wir ganz zu unserem Handeln stehen, auch wenn wir vielleicht einmal etwas tun, das nicht so gut ist – aber wir können es annehmen und es deshalb das nächste Mal anders gestalten.

In den Lehren des Medizinrades wie auch in der Gestalttherapie gibt es keine Bewertung. Es gibt keinen „guten" oder „schlechten" Weg. Nur aus einer Richtung wahrzunehmen, beschreibt nur eine Wahrheit, jedoch nicht das Ganze. Nur bei der einen Wahrheit zu bleiben, bedeutet, dass wir uns nicht weiter entwickeln und unser Potential nicht

---

[126] vgl. Kapitel 2.4.2

ausschöpfen. Wachstum bedeutet also, die anderen Arten der Wahrnehmung zu entwickeln, wie auch Fritz Perls die Integration von unliebsamen, verschütteten Persönlichkeitsanteilen als essentielles Ziel der Gestalttherapie und zur Gesundung des Menschen betont.

> „So wie die Sonne im Osten den Tag erblühen lässt und ihn im Süden zur Entfaltung bringt, um ihn im Westen zur Ruhe zu betten und im Norden den Traum entstehen lässt."
> (Alf Fuchs)

7.2 Das Medizinrad der indigenen Völker

Bevor ich beschreibe, wie ich die Arbeit im Medizinrad in die gestalttherapeutische Praxis zu integrieren versuche, möchte ich nachfolgend kurz beschreiben, wie das Medizinrad in der Tradition der indigenen Völker verwendet wird.

7.2.1 Das Medizinrad in der Tradition der indigenen Völker

Das Medizinrad oder auch die Ratsversammlung wird beim Lösen von Problemen des Clans, der Familie oder auch von Einzelpersonen eingesetzt. Es gibt mehrere Varianten solcher Medizinräder, wobei ich hier zwei Arten besonders hervorhebe, die ich durch Alf Fuchs[127] kennenlernen durfte.

7.2.1.1 Die große Ratsversammlung

Die Stammesältesten (mindestens vier) treffen sich und sitzen im Steinkreis an den vier Eingängen des Steinrades. Der Schamane ruft die Kräfte in den Kreis. Er ruft den *Osten*, der auch für das Feuer des Geistes steht, welches im Herzen brennt. Dann ruft er den *Westen*, der für die Erde und die körperliche Physis steht. Danach bittet er die Kräfte des *Südens* in den Kreis, der für das Wasser und das Fließen der Gefühle steht und zum Abschluss ruft er die Kraft des *Nordens*, die Luft, die zum Atmen und zur Schaffung von Klarheit dient.

---

[127] Alf Fuchs, 2007

In der Mitte des Kreises ist eine Feuerstelle und dort sitzt die Person des Clans, welche das Problem hat und erzählt dieses der Runde. Ab dann hat diese Person (ich nenne die Person ab jetzt den Klienten) nur noch sein Problem vor dem geistigen Auge und hütet das Feuer.

Die anderen verbinden sich mit dem Wissen und der Energie ihres Platzes, stehen dann auf und gehen in die Natur, das Anliegen des Klienten in sich tragend. Sie erbitten Zeichen und Hinweise aus der Natur. Später kehren sie zurück ans Feuer. Dies kann auch einen Tag oder länger dauern, je nach Anliegen und wie die Spirits (Helferwesen) bereit sind, Informationen zu geben. Wenn der Rat wieder vollständig zurück ist, erzählen die einzelnen Ratsmitglieder dem Klienten, was sie auf ihrem Weg durch die Natur erfahren bzw. gefühlt haben. Das Mitglied im Osten beginnt und so geht es im Zyklus der Natur, im Sonnenlauf, weiter bis zum Platz des Nordens.

Der Klient muss sich immer dem Sprecher zuwenden und diesem seine Aufmerksamkeit schenken. Dadurch dreht sich auch der Klient im Zyklus der Natur. Der Klient hat nur zu hören und zu fühlen und darf nicht sprechen – schon gar keine Frage stellen. Wenn der Kreis abgeschlossen ist, werden vom Schamanen die Kräfte der vier Winde bedankt und verabschiedet und die Ratsversammlung löst sich auf. Zurück bleibt nur der Klient mit den Informationen, die er erhalten hat. Er hütet das Feuer und bleibt im Kreis. Er sollte so lange als möglich wach bleiben. Irgendwann wird er müde und sein Kopf leer und dann wird ihm der „Große Geist" den Traum zum Erkennen senden.

7.2.1.2 Die kleine Ratsversammlung

Die kleine Versammlung verläuft ähnlich wie die große Ratsversammlung, allerdings nehmen hier nur der Schamane und der Klient teil. Sein Anliegen wird in ein Kraftobjekt geblasen und ins Zentrum zum Feuer gelegt. Danach ruft der Schamane die Kräfte in das Medizinrad (wie oben beschrieben) und begleitet den Klienten durch die verschiedenen Plätze des Rades. Hierbei sind die Kräfte auf die Eingänge der vier Winde konzentriert und der Klient wird vom Schamanen immer wieder nach dem Abfragen seiner Gefühle auf den nächsten Platz gebeten, bis das Rad vollständig ist. Dann wird dem Rad gedankt und die Spirits werden verabschiedet. Der Klient und der

Schamane bleiben sitzen, um den Informationen zum Wachsen Zeit und Raum zu geben. Der Schamane hört dem Klienten zu, wenn dieser sprechen will, erwidert aber nichts. Im Grunde geschieht ein innerer Dialog, der Schamane fühlt dabei die Energien des Klienten und wenn es für ihn stimmig ist, steht er auf und geht. Dies ist auch das Zeichen für den Klienten, dass er nun gehen darf. Er weiß, dass in der Nacht der „Große Geist" zu ihm sprechen wird und er dann auf seine Frage eine Antwort bekommt. Es kann auch sein, dass er die Antwort schon weiß, weil die Spirits sie ihm bereits gebracht haben.

7.2.2 Beispiel einer Arbeit im Medizinrad in der gestalt-therapeutischen Praxis

Nun möchte ich ein Beispiel darstellen, in dem ich die Erkenntnisse der alten nordamerikanischen Tradition des Medizinrades mit der Methodik der Stuhlarbeit verbinde.

Eine Klientin, 46 Jahre alt, ist seit neun Jahren geschieden, hat keine Kinder und ist seit zehn Jahren Filialleiterin. Sie ist wegen Angst- und Panikattacken mit depressiven Einbrüchen zu mir in Therapie gekommen. Als sie an diesem Tag kommt, ist sie in einem eher resignativen und energielosen Zustand. Ich habe mich bei ihr an diesem Tag für das Medizinrad entschieden, damit sie wieder zu mehr Kraft kommt und auf ihre Herausforderung, die ansteht, zentriert wird.

Ich erkläre ihr, dass ich gerne mit ihr ein Ritual machen möchte, was mit Fühlen und Wahrnehmen zu tun hat und welches ihr sicher gut tun würde. Sie entscheidet sich, dass sie gerne mit mir diesen Weg gehen würde. Ich stelle vier Stühle, jeweils einen für den Süden, Westen, Norden und den Osten im Kreis mit Blickrichtung ins Zentrum, auf. Während ich die Stühle herrichte, bitte ich die Klientin, ihr Anliegen auf ein Stück Papier zu schreiben. Ihr Anliegen ist es, mit den Herausforderungen in der Firma klar zu kommen, ohne dass es ihr zu viel Kraft raubt.

Sie legt den Zettel in die Mitte zur Kerze und ich bitte sie, mit Achtsamkeit die Kerze anzuzünden und dabei laut oder leise darum zu bitten, dass Kraft für ihr Anliegen in diesen Kreis kommen mag. Während sie die Kerze entzündet, bitte ich in einem Gebet in der Stille die Kräfte der vier Winde in den Kreis. Wie viele Informationen ich gebe oder nicht, ob ich die Energien alleine rufe oder ob wir dies gemeinsam tun, ob im Stillen oder laut – das kommt ganz auf die Klientin an.

Ich fordere sie nun auf, sich auf den Stuhl im Süden zu setzen und sich die Zeit und Ruhe zu nehmen, um zu fühlen, wie es ihr auf diesem Platz geht. Sie beschreibt Magenschmerzen, schwitzige Hände und eine innere Unruhe. Ich erzähle ihr ganz kurz von der Maus und den Gefühlen, aber auch wie wichtig diese Erfahrungen sind. Ich bitte sie nun, sich einen anderen Stuhl auszusuchen und dasselbe zu tun. Sie setzt sich in den Osten und beschreibt zwar eine Erleichterung, will aber nicht sitzen bleiben, da sie sich nicht wohl fühle. Ich lasse sie wieder einen Stuhl wählen. Sie setzt sich in den Westen und beginnt sofort zu erzählen, dass sie sich todmüde fühlt, aber es sei angenehm und hier würde sie gerne länger bleiben. Ich erzähle ihr vom Westen, der Bärin, der Heilung und der Geborgenheit, vom „Sterben" und den gewonnenen Erfahrungen. Ich bitte sie nun aber trotzdem in den Norden, was sie auch tut, aber sofort wieder aufspringt, weil sie über Schwindel und Unruhe klagt. Sie geht zurück in den Westen. Sie benötigt anscheinend noch die Stille des Todes und der Heilung.

Während der ganzen Zeit schreibe ich ihre Bewegungsrichtungen und Gefühle auf einem Blatt Papier mit.

Ich bitte sie nach einiger Zeit in den Norden, aber sie will nicht. Erst nach einigen Einladungen wechselt sie dann in den Norden und stellt mit Erstaunen fest, dass es hier auch ganz gut ist. Ich erzähle ihr vom Büffel, der Klarheit, dem Tatendrang und vom Schatz, die Weisheit zu besitzen. Als sie schließlich im Osten sitzt, spürt sie nun den Unterschied zu vorher, als sie anfangs hier saß und meinte, der Platz wäre genauso gut wie die beiden anderen. Ich erzähle ihr vom Adler, der sein Flügel ausbreitet und der Freiheit entgegenfliegt und von seiner Weitsicht so hoch oben am Himmel, wo er früh alles herankommen sieht und ausweichen kann. Zum Schluss lade ich sie ein, wieder in den Süden zu gehen, aber das will sie absolut nicht. Ich sage ihr, sie könne jederzeit herausgehen, wenn sie will. Dann geht sie und merkt auch hier keinen Unterschied mehr.

Ich erkläre ihr, da sie zuerst durch die anderen Stationen gegangen ist, sei sie nun nicht mehr von der Stärke des Südens dominiert und könne sich somit im Rad des Lebens bewegen, wie sie wolle. Mit großen, staunenden, aber auch wissenden Augen sieht sie mich an und setzt sich zufrieden auf ihren Stuhl zurück.

Die Wirkung hält noch immer an. In den weiterfolgenden Gesprächen ging es lediglich darum, dass sie dabei war, aus dem Hier-und-Jetzt wieder in ihre sorgenvollen Gedanken zu fallen. Dies konnten wir aber durch die Erinnerung an ihre Erfahrungen im Medizinrad einfach wieder stoppen.

Mit dieser Erfahrung der veränderten Wahrnehmung hat der Mensch auch die Möglichkeit sein Weltbild ständig neu zu erschaffen und dies dann im Alltag auch umsetzen zu können. Das ist ein wesentlicher schamanischer Aspekt und zeigt große Ähnlichkeit mit der sich frei entwickelnden und kontinuierlichen Gestaltbildung in der Gestalttherapie.[128] Es entspricht dem natürlichen Rhythmus von Kontakt und Rückzug, von sich Öffnen und Schließen und der dabei frei werdenden Energie für das Wesentliche.

---

[128] vgl. Kapitel 2.3.1.5

8 Die therapeutische Arbeit mit Kindern als wundervolle Begegnung

8.1 Von den Kindern

> „Du bist noch ganz Licht, wenn du auf die Erde kommst.
> Deine Augen strahlen noch so klar von der Quelle.
> Eins mit der Heimat, geboren in eine andere Welt –
> Gekommen, um dein wahres Wesen hier zu leben.
> Ich wünsche Dir Begegnungen von Wesen zu Wesen,
> damit dein Licht weiter strahlen kann."
> (Sabina Schöpfer)

Ich hatte früher die Einstellung, dass ich erst therapeutisch mit Kindern arbeiten werde, wenn ich selbst eigene Kinder habe. Doch mein Leben wollte es wieder mal anders mit mir, denn es führte mich bei meiner ersten Arbeitsstelle nach der Universität gleich zu Kindern und Jugendlichen. Herzlichen Dank dafür, denn sonst hätte ich bis heute nicht das Glück erleben dürfen, so viele verschiedene Kinder und Jugendliche auf ihren Wegen durch das Leben zu begleiten und so viel von ihnen und ihrer Sicht der Dinge und des Lebens zu lernen. Ich bin froh über diese Farben und Perspektiven in meinem Leben und vor allem über all diese leuchtenden Kinderaugen, in die ich während den vergangenen Jahren blicken durfte.

Mit Kindern zusammen zu sein, sie begleiten zu dürfen, hält einen jung und dynamisch. Sie fordern uns auf, verschiedenste Perspektiven zu sehen und nicht nur die eine, die uns zur Gewohnheit wurde. Sie geben uns immer wieder die Chance, von ihnen zu lernen – für uns und somit zum Wohle aller. Sie fordern uns auf, authentisch, ehrlich und klar zu sein, mit ihnen gemeinsam zu lernen und zu wachsen.

„Drei Dinge sind uns aus dem Paradies geblieben:
die Sterne der Nacht, die Blumen des Tages und die Augen der Kinder."
(Dante Alighieri, 1265-1321)

Was die Kinder vor allem beim Wachsen brauchen, ist Liebe und liebevolle Zuwendung. Denn das Begleiten der Kinder sollte keine Manipulation oder Formung nach unseren eigenen Wünschen oder unserem Willen sein, sondern eine begleitende Beziehung bei der sich die Kinder eigenständig mit sich selber und ihrer Umgebung Auseinandersetzung können. Das heißt nicht, dass keine Grenzen für Sicherheit und Geborgenheit gesetzt werden dürfen. Ganz im Gegenteil, es ist sogar sehr wichtig aufzuzeigen, wo die eigenen Grenzen sind und wann eine Situation zu gefährlich sein könnte. Dies gibt Halt und zugleich spüren die Kinder, dass jemand da ist, der liebevoll von weitem auf sie schaut.

„Sind die Kinder klein, müssen wir ihnen helfen, Wurzeln zu fassen.
Sind sie aber groß geworden, müssen wir ihnen Flügel schenken."
(aus Indien)

Wir können uns schrittweise mit den Kindern dahingehend entwickeln, dass wir achtsamer im Leben werden. Wir werden dadurch bewusster, was wir fühlen, sagen und tun. Es entsteht automatisch mehr Respekt, Wertschätzung und somit Liebe für unser Gegenüber und die Art und Weise, wie unser Gegenüber ist und was es tut. Wir können achtsamer werden, wie wir unsere Welt erschaffen: Was wir denken, wie wir über andere Menschen denken, welche Schlüsse wir daraus ziehen und welche Wahrheit wir uns erschaffen. Es kann Ärger und Wut darüber entstehen, was der andere tut. Wir können aber auch Mitgefühl und Liebe in uns nähren – das wäre für uns und unsere Mitmenschen ohnehin besser. Denn dann sehen wir mehr das Gute und Schöne, die Liebe in den anderen und können sie mehr ihrer inneren Weisheit überlassen, ohne dass wir uns einmischen müssen.

„Kinder werden nicht erst zu Menschen, sie sind es schon!"
(Janusz Korczak, 1878-1942)

Leider werden auch heute Kinder von vielen Erwachsenen als „noch-nicht-Erwachsene" gesehen. Kinder sind ganze Menschen. Wir müssen sie nicht füllen! Sie sind da, um selbst Erfahrungen zu machen und selbst daraus lernen zu können. Wir können die Aufgabe wahrnehmen, für ihre Sicherheit und Rechte zu sorgen und uns sonst, wann immer möglich, nicht allzu sehr in ihr Leben einzumischen. Es wäre gut, wenn wir vor allem die Wichtigkeit kennen, da zu sein und ihnen zu zeigen, dass wir ihnen zuhören und sie ernst nehmen. Das Kind gedeiht, wenn es akzeptiert, gesehen, gehört und geliebt wird.

Violet Oaklander[129] hat umfassende Werke ihrer langjährigen erfolgreichen therapeutischer Arbeit mit Kinder und Jugendlichen geschrieben, in denen sie liebevoll zahlreiche Techniken und die entsprechende Haltung dahinter als Schätze weiter gibt. Sie schrieb mir mit folgendem Satz sehr aus dem Herzen: „Obwohl ich in ... Situationen den Impuls verspürte, etwas zu tun, um das Problem zu lösen oder dem Kind einen Rat für den weiteren Umgang damit zu geben, biss ich mir auf die Zunge und hörte einfach zu." [130]

Die Kinder entwickeln sich noch stärker weiter als Erwachsene und wir versuchen den Kindern nebst dem Raum, in dem sie sich selbst entdecken können, vor allem positive Inputs mitzugeben. Schön wäre es, wenn wir den Kindern – abgesehen von einer positiven Einstellung gegenüber dem Leben und seinen Herausforderungen – auch die Fähigkeiten zu einer aktiven Bewältigung der Lebensaufgaben und dazu, das Leben selbst in positivem Sinne zu beeinflussen, mitgeben könnten. Martin Seligman beschreibt in seinem Buch „Kinder brauchen Optimismus", gestützt auf jahrelanger Forschung, dass die Abwesenheit eines gesunden Optimismus viele Nachteile mit sich bringt: unter anderem können Leistungsschwäche und Depressionen die Folgen sein.[131] Zum einen ist es wesentlich, den Kindern und Jugendlichen ein positives Umfeld zu ermöglichen, da dieses einen enormen Einfluss auf die Entwicklung des Kindes hat. So hat Martin Seligman ein Präventionsprojekt erschaffen, in dem Gruppen für Eltern, Lehrer und andere Kindern nahestehende Bezugspersonen angeboten werden. Zum anderen zeigt er den Kindern bzw. Jugendlichen, wie sie möglichst positiv an das Leben und seine Herausforderungen herangehen und wie sie mit Schwierigkeiten und Problemen umgehen können. Damit soll

---

[129] Violet Oaklander, 1999 und 2009
[130] Violet Oaklander, 2009, S.235
[131] Martin Seligman, 1999

die Entstehung von Störungen so früh als möglich verhindert werden. Optimismus reicht sehr viel tiefer als nur positives Denken. Es ist die Art und Weise, wie man Ursachen beurteilt (Erklärungsstil, Persönlichkeitsmerkmale, etc.). Optimismus bedeutet nicht, einfach muntere Parolen vor sich her zu singen oder Affirmationssätze vor sich her zu sagen, wenn sie nicht gefühlt werden. Optimismus bedeutet, wenn etwas schief läuft, bei sich zu schauen und die Ursache als Lehre zu sehen, wie man sein eigenes Verhalten und Denken verändern kann, ohne einfach anderen die Schuld zu geben. Es geht nicht darum, Traurigkeit oder Zorn zu vermeiden oder gar zu negieren, denn auch die unangenehmen Gefühle gehören zum Reichtum des Lebens dazu und sind normalerweise gesunde Reaktionen. Sie fordern uns auf, das was uns beunruhigt zu verstehen und spornen uns an, etwas zu ändern. Optimismus weiterzugeben bedeutet, das Kind einzuladen sich selbst kennen zu lernen, neugierig zu sein auf das Bild, das es sich von sich selbst und der Welt macht. Optimismus bedeutet sich der Welt gegenüber aktiv zu verhalten und sein Leben selbst zu gestalten.

Dies alles vorausgesetzt, wäre eine zusätzliche ganzheitliche Förderung der Kinder wundervoll, denn die heutige Gehirnforschung kann nachweisen, dass Kinder am besten ganzheitlich lernen. Dies meint, dass in einer direkten menschlichen Beziehung alle Sinne angesprochen werden. So bekommt das Gehirn viel mehr Inputs: Schmecken, Tasten, Riechen, natürlich auch Hören, Sehen und Fühlen. In einem harmonischen Zusammenspiel zwischen Kindern und Eltern können sich die Sinne auch gegenseitig informieren. Wenn die wechselseitige Information klappt, dann werden im Gehirn mehr Spuren abgespeichert. So wird wirklich Gesundes gelehrt und gelernt. Wenn dieses harmonische Zusammensein nicht gelebt wird, dann wird es langweilig, da etwas Wichtiges fehlt; so kann weniger aufgenommen werden, weil im Gehirn weniger Spuren entstehen. Daraus zeigt sich deutlich, wie wichtig die Beziehung zwischen Menschen ist. Mit einem elektronischen „Ersatz" des Menschen auf CD oder Video kann dies nicht ersetzt werden.[132]

---

[132] vgl. Spitzer, 2011

Wenn man als Elternteil etwas gerne macht, dann ist es empfehlenswert, dies gemeinsam mit dem Kind zu tun. Das Kind nimmt die Gefühle wahr und in sich auf; es können sich Gefühle gegenseitig austauschen und somit ganzheitlich gelernt werden.

> „Die Entwicklung von Qualitäten wie Achtung, Liebe und Mitgefühl sollte das oberste Ziel moderner Erziehung sein."
> (Dalai Lama)

In der heutigen Zeit leiden viele Kinder unter einem Mangel an Entwicklungsreizen in ihrer Umwelt. Oft erlebe ich bei Kindern, die als sehr auffällig in der Schule und/oder der Familie beschrieben werden, dass sie im Einzelkontakt ruhig werden und viele Fragen stellen, viele Ideen und Wünsche haben. Der Drang nach Forschen, Spielen und Mehr-Wissen-Wollen wird spürbar und steht im Mittelpunkt ihres Wesens. Oft genügen kleine Hilfestellungen, wie genauer Nachfragen oder Materialien zur Verfügung stellen, dass sie aus ihrer Passivität oder Überforderung ins Handeln kommen und ihre Eigentätigkeit, ihr Forschergeist und ihre Kreativität wieder in Fluss kommen können. Ansonsten würden sie wohl in ihrer Blockade stecken bleiben und nur mit Verhaltensweisen, die vor allem negativ auffallen, den Weg zurück ins Leben finden.

Gerald Hüther beschrieb in seinem Vortrag in Freiburg unter anderem, wie ein Klima aussehen sollte, in dem Kinder gut für sich und das Leben lernen können: „Es muss ein Klima da sein, außerhalb des Hirns, damit man sein Frontalhirn strukturieren kann. Man muss zum Beispiel in einer Welt aufwachsen, in der es Aufgaben gibt, an denen man wachsen kann, sonst kriegt man dort oben kein Selbstwirksamkeitskonzept hin. Und deshalb müssten wir viel häufiger am Betriebsklima (Systemisches, Beziehungsmuster unter den Menschen, Schulklima) arbeiten, als an den Hirnen."[133]

> „Eigentlich braucht jedes Kind drei Dinge: Es braucht Aufgaben, an denen es wachsen kann, es braucht Vorbilder, an denen es sich orientieren kann und es braucht Gemeinschaften, in denen es sich aufgehoben fühlt."
> (Gerald Hüther, 2010)

---

[133] Gerald Hüther, 2009

Johannes Franck schreibt in seinem Buch über Gestalt-Gruppentherapie in sehr schönen Worten über die Loyalität der Kinder vor allem zu ihren Eltern. Ihre enorme Bereitschaft zur Toleranz und Duldsamkeit ist viel größer als die von uns Erwachsenen; dies kann manchmal leider bis zur Selbstaufgabe gehen.[134] Die Aufgabe der Erwachsenen liegt vor allem darin, dies zu verhindern. Erwachsene sollten auch mal zurückstecken, nicht alle Rechte durchsetzen und die angeborene Bereitschaft des Kindes gefallen zu wollen, nicht für die eigenen Zwecke ausnützen.

> „Eure Kinder sind nicht eure Kinder.
> Sie sind die Söhne und Töchter der Sehnsucht
> des Lebens nach sich selbst.
> Sie kommen durch euch, doch nicht aus euch,
> und sie sind auch bei euch, gehören sie euch doch nicht.
>
> Ihr dürft ihnen eure Liebe geben, doch nicht eure Gedanken,
> denn sie haben ihre eigenen Gedanken.
> Ihren Körpern dürft ihr eine Wohnstatt bereiten,
> doch nicht ihren Seelen,
> denn ihre Seelen wohnen im Haus der Zukunft, und das bleibt euch verschlossen,
> selbst in euren Träumen.
>
> Ihr dürft danach streben, ihnen ähnlich zu werden,
> doch versucht nicht, sie euch ähnlich zu machen.
> Denn das Leben schreitet nicht zurück, noch verweilt es im Gestern."
> (Khalil Gibran, 2002, S.22)

Damit das Kind in seiner Entwicklung ein realistisches Selbst- und Weltbild erfahren kann, es selbst-wirkungsvoll handeln kann, ist es wichtig, dass sich der Erwachsene, der das Kind begleitet, gut mit sich selbst auseinandersetzt und an sich arbeitet. Nur wenn er einen bewussten Umgang mit sich selbst hat, kann er auch als wirkliches Gegenüber da sein. Manchmal wird auch zu viel für das Kind getan, so dass es daran gehindert wird, sich selbst in Schwierigkeiten zu entdecken. Zu starre Ansichten können das Kind vom Forschen und Experimentieren abhalten. Das Selbstempfinden des Kindes und seine Selbstwirksamkeit können gut gestärkt werden, indem man immer

---

[134] Johannes Franck, 1997, 27f.

wieder Möglichkeiten bietet, bei welchen die Kinder selbst Entscheidungen treffen. Dies allerdings ohne das Kind zu überfordern.

8.2 Die Rechte der Kinder

Wenn ich ein Kapitel über Kinder schreibe, darf für mich Janusz Korczak, sein gebürtiger Name lautete Henryk Goldszmit (geb. 1879-†1942), nicht fehlen. Bereits in meinem Nebenstudium der Pädagogik und pädagogischen Psychologie hatte er meine Aufmerksamkeit gefesselt. Die Kinderrechte sind mir sehr wichtig, weil sie leider auch heute noch gebraucht werden, damit Kinder zu ihren Rechten kommen.

> „Du hast das Recht genauso geachtet zu werden, wie ein Erwachsener,
> Du hast das Recht, so zu sein wie du bist.
> Du musst dich nicht verstellen und so sein, wie die Erwachsenen es wollen.
> Du hast ein Recht auf den heutigen Tag,
> jeder Tag deines Lebens gehört dir, keinem sonst.
> Du, Kind, wirst nicht erst Mensch, du bist ein Mensch."
> (Janusz Korczak, 1985)

Janusz Korzcak hatte die Vorstellung von einem respektvollen, gerechten und liebevollen Umgang mit Kindern; damit legte er den Grundstein für die heutigen Kinderrechte. Er forderte bereits im Jahr 1919 die Erwachsenen auf, Voraussetzungen zu schaffen, dass Kinder frei und ohne Gewalt aufwachsen können. Als liebevoller Vertreter und Anwalt der Kinder verlangte er vor allem das Recht auf Achtung. Erst viel später wurde sein Traum verwirklicht, als die UN-Vollversammlung 1989 die Rechte der Kinder verabschiedete.

Eine Idealisierung des Kindes, eine Projektion eigener Wünsche auf die Kinder, lag ihm ganz fern. Er sah die Kinder nüchtern. Auch ihren Egoismus, ihre Streitsucht und ihre Verschlagenheit mochte er nicht beschönigen. Er praktizierte einfühlsames Verständnis. Er konnte Erlebnisse darstellen und sich in die Welt des Kindes einleben. Korczaks Erziehungspraxis ist vor allem Erziehung als Begegnung, geprägt durch die immerwährende Suche nach dem Besseren. Deswegen gibt es auch keine unfehlbaren Erzieher. Nur wer von seinen

Fehlern lernt, hat die Chance einen Weg zu finden, der seiner Persönlichkeit entspricht – im Leben wie in der Erziehung.[135]

> „Bitte hör nicht auf zu träumen,
> von einer besseren Welt.
> Fangen wir an aufzuräumen,
> bau sie auf wie sie dir gefällt."
> (Xavier Naidoo, 2009[136])

Mögen auch wir wieder den Mut finden, zu träumen, wie es die Kinder tun – Visionen zu kreieren von einer besseren Welt, für die es lohnenswert ist, gemeinsam zu leben. Eine Zukunft wie wir sie uns wünschen. Träumen wir wieder mit den Kindern von einer Welt voller Respekt und Achtung vor allen Wesenheiten, mit denen wir diesen Planeten, unsere Mutter Erde, bewohnen. Träumen wir davon, in Frieden zusammen zu leben und dankbar für die Schätze zu sein, die wir längst haben. Ich selbst träume und glaube, dass wir gemeinsam die Kraft dazu haben, diese bessere Welt zu erschaffen.

8.3 Seelenraum – wesentliche Aspekte in der Begegnung

> „Es gibt keine großen Entdeckungen und Fortschritte,
> solange es noch ein unglückliches Kind auf Erden gibt."
> (Albert Einstein, 1879-1955)

Kinder müssen nichts werden, was sie nicht schon sind. Meine Aufgabe sehe ich darin, den Kindern zu helfen, das wiederzufinden, was ihnen verloren gegangen ist, was sie bereits vergessen haben. Sie zurückführen in ihr natürliches Sein, das sie aus verschiedensten Gründen unterbrochen oder einfach weggesperrt haben.

---

[135] vgl. Korczak, 1983
[136] Ausschnitt aus dem Songtext „Bitte hör nicht auf zu träumen"

8.3.1 Einzelkontakt: Wichtige Gedanken zu einem ersten Gespräch

Wie bereits in den vorangegangenen Kapiteln beschrieben, sind dabei die innere Haltung des Therapeuten und die daraus entstehende Begegnung wesentliche Aspekte für die therapeutische Arbeit.

Bevor ich mich mit einem Kind auf die gemeinsame Schatzsuche begeben kann, findet in den meisten Fällen zuerst ein Gespräch mit den Erziehungsberechtigten statt. Daraus erkenne ich viele Dinge: Was die Erwachsenen alles an ihrem Kind stört, worüber sie sich Sorgen machen, was sie gerne anders hätten, was ihr Kind alles „falsch" macht und wie es seine Eltern und Lehrer zum Verzweifeln bringt. Bei dieser negativen Sicht auf das Kind, der Sicht auf die sogenannte „Krankheit", frage ich natürlich ebenso nach den Dingen, die die Eltern an ihrem Kind mögen und die sie an ihrem Kind schätzen. Dies auch um die Ressourcen und Stärken des Kindes sowie die positive und liebevolle Beziehung zwischen Eltern und Kind in den Vordergrund zu rücken. Meistens ernte ich anfangs dafür fragende Blicke. Zum Glück kann ich aber am Ende immer wieder in lächelnde Gesichter sehen. Der Blick auf das Positive, auf die Ressourcen, auf das, was neben all dem anderen auch gut läuft, ist immer etwas ungewöhnlich für die meisten verzweifelten Eltern, die auf der Suche nach Hilfe sind. Es tut allen gut, weil es die oft verloren gegangene positive Perspektive wieder in den Vordergrund rückt und somit einen Ausweg von ihrer negativen Sicht vom Kind bietet.

Bevor ich mit dem Kind in Kontakt komme, versuche ich alles, was ich gehört habe, wieder zu vergessen! Ich möchte wieder frei werden von dieser mehrheitlich negativen Sicht auf das Kind. Ich möchte dem Kind nicht nur mit dem Verstand, mit dem was ich im Gespräch erfahren habe, sondern vor allem mit einem offenen Herzen begegnen können – denn erst so werde ich frei für eine wirkliche Begegnung von Mensch zu Mensch und schließlich von Seele zu Seele. Mein Ziel ist es, einen gesunden, ausgeglichenen Seelenraum zu eröffnen, in dem sich das Kind wohl fühlen und Vertrauen fassen kann, um sich wieder zu finden.

8.3.2 Den Seelenraum öffnen: Raum bereiten und das Herz öffnen

Wenn ein Mensch kommt, dann ist es für mich wichtig, dass der (Praxis-) Raum für diesen Menschen in Liebe vorbereitet ist. Ich nehme mir vorher Zeit den Raum zu reinigen (nicht nur äußerlich), zu klären und in Ordnung zu bringen und mich selbst als ein therapeutisches wie auch menschliches Instrument in einer Tonart zu stimmen, die liebevoll, harmonisch und angenehm klingt. Ich versuche, meinen Geist zu reinigen, meine Gedanken zu klären und an nichts Spezielles zu denken – einfach leer und offen zu sein für die Begegnung. Die indianischen Völker beschreiben das so schön: „leer zu sein wie ein hohler Knochen". Dies ist ein bewusstes, ganzheitliches Erspüren ohne zu bewerten – auch der „leere Geist" oder „wu wei" genannt. In diesem Sein kann die organismische Selbstregulation wirken.

Es gibt zahlreiche Wege, die helfen können, den Geist zu reinigen, sozusagen leer(er) zu werden. Meistens mache ich eine kleine Übung oder Meditation, in der ich mich mit der Erde und dem Himmel verbinde, um in mein Herz zu gelangen. Dabei kommen meine Gedanken zur Ruhe und ich fühle mich in kürzester Zeit in einem harmonischen Zustand, angekommen bei mir und in meinem Herzen:

Ich kann dabei stehen, sitzen oder liegen, wie ich gerade möchte. Ich stelle mir aber am liebsten einen Baum vor, den ich sehr gerne mag und deshalb stehe ich am liebsten in bequemer aufrechter Haltung mit hüftbreit positionierten Füßen. In meinem Geiste stelle ich mir vor, dass ich zu diesem Baum werde. Ich stelle mir vor, wie sich langsam Wurzeln bilden und durch meine Fußsohlen wachsen, um sich mit Mutter Erde zu verbinden. Dann bitte ich, dass die nährende und stärkende Kraft, wie bei einem Baum, durch die Wurzeln von Mutter Erde durch meine Fußsohlen in meinen Körper einströmt. Ich stelle mir vor, dass mit jedem Einatmen die nährende Kraft durch die Wurzeln in mich einströmt. Wie ein Baum kann ich meine Arme nach oben ausstrecken, um ein klareres Gefühl für die Äste und die Blätter zu erfahren. Manchmal lasse ich die Arme auch gemütlich hängen, wie sie gerade sind. Ich stelle mir dann vor, wie die Blätter des Baumes die Kraft von der Sonne, von Vater Himmel, aufnehmen, umwandeln und nach innen leiten. Diese nährende Kraft steht dem Baum zum Wachsen zur Verfügung. So nehme ich wahr, wie ich mich Vater Himmel, dieser universellen Kraft, öffne. Ich bemerke, wie diese klärende Energie von oben durch meine Fingerspitzen und auch durch den Kopf (Scheitelchakra) in meinen Körper einströmt und mich dabei reinigt.

Ich stelle mir gerne weiter vor, dass bei jedem Einatmen die Nahrung von den Wurzeln (Füße) aus Mutter Erde und gleichzeitig auch die Nahrung von oben, von Vater Himmel, über die Blätter (Fingerspitzen und Kopf) in mich hinein strömen – wie sie sich beide in meinem Herzen treffen, jenem Ort, der das Gefäß der Liebe und meiner Selbst ist.

Weiters kann ich auch an etwas denken, das mein Herz strahlen lässt. Etwas, das mir Freude bereitet, sei es ein lieber Menschen, ein geliebtes Tier oder eine Begegnung, die mich erfreute. Dann fühle ich, wie mein Herz sofort voller Freude und Liebe zu strahlen beginnt. Diese Freude und Liebe lasse ich nun durch mein Herz, genährt von der Kraft der Erde und des Himmels, in den Praxisraum und weiter in die Welt hinaus- strahlen. Dazu kann ich mir vorstellen, dass mein Herz Tore und Türen hat, die ich weit öffne, um die Liebe und das Leuchten der Freude in den Raum hinein zu senden und somit auch zur Seele des Kindes, das bald durch die Tür zu mir kommen wird. Wenn es genug ist, dann bedanke ich mich bei mir selbst, dass ich mir diese Zeit genommen und mir erlaubt habe, für diesen Moment ein Gefäß für Liebe und Freude zu sein, um dieses Leuchten durch mein Herz aussenden zu dürfen. Mit ein paar kräftigen, tiefen Atemzügen komme ich dann wieder bewusst in den Raum zurück, ins Hier und Jetzt, in dem ich nun wieder etwas freudiger strahle.

Neben der Möglichkeit kleiner Meditationen um in die Ganzheit zu kommen, gibt es zahlreiche andere Arten, wie man ganz leicht und einfach zur Ruhe kommen kann, damit ein Ausgleich zwischen Kopf und Herz stattfinden kann. In unserer Gesellschaft werden diese

Möglichkeiten meistens angewandt, um den Kopf zu leeren und das Herz zu öffnen: Tai Chi oder Aikido, Yoga oder andere meditative und körperliche Übungen.

Sehr einfach gelingt es, sich über den Atem zu zentrieren:

Ich konzentriere mich dabei einfach auf meinen eigenen Atem. Ich erlaube mir, einfach zu sein, wie ich gerade bin – ob ich sitze, stehe oder liege – und dabei meinem Atem für eine kurze Zeit meine ganze Aufmerksamkeit zu schenken. Den Atem habe ich immer bei mir. So kann ich damit beginnen zu beobachten, ohne etwas verändern zu wollen. Ich nehme wahr, wie der Atem in mich einströmt und er auch wieder aus mir herausströmt. Mir gefällt es, dem weiter nachzuspüren und mich zu bedanken, dass der Atem mich so annimmt, wie ich gerade bin – dass er mir bedingungslose Liebe schenkt. Er sagt nicht: „nun atme ich dich nicht, weil dies oder jenes nicht „gut" war." Ganz im Gegenteil! Ich werde immer geatmet und lasse mich auch atmen. Ich bedanke mich für dieses Geschenk des Lebens. Manchmal nehme ich die Vorstellung hinzu, dass ich bei jedem Einatmen Kraft bekomme oder mir das Einatmen Ruhe oder das, was gerade fehlt, bringt, um ein Stückchen ganzer und somit heiler zu werden. Bei jedem Ausatmen stelle ich mir vor, dass durch den Atem auch all das mitgehen kann, was ich gerade nicht mehr brauche, ich aber trotzdem mit mir herum schleppe. Es darf mit jedem Ausatmen aus mir herausströmen. Es darf in die Welt und somit ins Universum gelangen, wo es sich wandeln kann in das, was gerade an Energie gebraucht wird. Wenn es für mich genug ist, bedanke ich mich bei mir, dass ich mir diese Zeit genommen habe und beim Atem, dass es so ist, wie es ist.

Diese kleine Übung oder Meditation zum bewussten Atmen führt mich ganz schnell zu mir und verleiht mir ein friedvolles Gefühl in mir. Oft kann ich wahrnehmen, dass ich danach mehr Raum in mir und um mich spüren kann. Vor allem bin ich als Instrument frisch gestimmt, um eine Seele empfangen und ihr Respekt und Liebe entgegen bringen zu können. Es braucht nicht viel Zeit und ist sehr einfach, achtsam einen Raum zu öffnen, in dem ein Stück Heilung geschehen darf.

8.3.3 Was macht den Seelenraum aus?

„Alles wirkliche Leben ist Begegnung."
(Martin Buber, 1878-1965)

In diesem ausgewogenen offenen Zustand kann ich meine Aufmerksamkeit auf das Gesunde, das Göttliche und somit auf die Seele richten. So ändere ich das Bewusstsein vom Negativen zum Positiven und irgendwann geht dies auch auf das gemeinsame Feld über. Damit fühlt sich mein Gegenüber wohl, ohne bewusst zu wissen weshalb; wir beide sind gehalten und können aneinander reifen. Ich kann das Positive und gesunde Selbst meines Gegenübers wahrnehmen – für-wahr-nehmen. In jedem Menschen gibt es diesen heiligen Kern, die Seele. Diesen Teil möchte ich wieder zum Leuchten und Schwingen bringen, indem ich eben da und leer bin, indem ich handle, ohne etwas offensichtlich zu tun.

Wenn ich das Kind begrüße und vorher diesen Raum in mir und somit um mich und mein Herz geöffnet habe, dann bin ich viel besser verbunden mit meiner inneren Wahrheit und kann das Kind mehr sein lassen, wie es ist. Ich kann diesem Kind, dieser Seele, besser begegnen, ohne durch die Brille der Voreingenommenheit zu sehen. Vor allem bin ich leer und frei, um im Hier und Jetzt entstehen zu lassen, was sich aus dieser Begegnung als Figur vor dem Hintergrund abzeichnen mag. Der andere kann zu dem werden, was er ist, indem ich ihn endlich so sein lasse, wie er ist – ohne dass ich etwas tun will und das Gefühl habe, etwas tun zu müssen – ohne Druck. Das Kind in seinem Sein annehmen und ihm Aufmerksamkeit schenken – dadurch alleine findet bereits Veränderung statt (vgl. Paradoxon der Veränderung). Die Seele kann sich entfalten und darauf kann ich vertrauen.

Mein Gegenüber fühlt sich gesehen, gehört und verstanden. Es entsteht bei ihm automatisch ein Gefühl von Geliebt-Sein und Respektiert-Sein, gleichzeitig kann er zur Ruhe kommen, da er nicht mehr um sich oder für sich kämpfen muss. Der ganze Raum gehört ihm, um wieder zu entdecken, wer und was er wirklich ist. Gerade bei Kindern lässt sich dies schön beobachten: wenn sie sich frei fühlen, nicht mehr reagieren oder gegen etwas kämpfen müssen – sondern einfach wieder sein können, wie sie sind, wieder anfangen, sich selbst zu entdecken. Erst in dieser Ruhe und Freiheit mit sich selbst, ist Lernen und Wachsen wirklich möglich.

Jeder von uns hat schon erlebt, wie gut es tut, wenn eine Person wirklich zuhören kann, ohne gleich einen guten Ratschlag geben zu wollen. Wenn die Person nur zuhört, um genau zu verstehen, einen annimmt mit dem, wie man ist und was man erzählt, einen nicht in ein Raster stecken will, sondern einen Raum gibt, in dem man sich selbst wieder zuhören kann.

Die Gestalttherapeuten würden diesen Zustand wohl als Haltung im Hier und Jetzt mit Bewusstheit (Awareness) und in einer Ich-Du-Begegnung im Sinne Bubers umschreiben, welche eine existentielle Begegnung meint. Für die Natives ist dies einfach „das Sein".

8.3.4 Im Seelenraum begleiten

„Damit ich einem Kind helfen kann, vielfältiger zu sehen,
muss ich es erst genauer betrachtet haben.
Damit ich einem Kind helfen kann, differenzierter zu hören,
muss ich erst genauer in es hineingehört haben.
Damit ich einem Kind helfen kann, mehr zu spüren,
muss ich erst meine Gefühle für es genauer gespürt haben."
(Baulig und Baulig, 2002, S.169)

Äußerlich betrachtet, wird sich mein Seelenraum wohl nicht viel von anderen Praxisräumen unterscheiden. Die Besonderheit ist vor allem fühlbar und wird oft in Worten wie diesen ausgedrückt: „Wenn ich hier reinkomme, dann geht es mir sofort besser.", „Ich fühle mich plötzlich friedlich.", „Ich fühle mich leicht, noch bevor wir geredet haben.", „Das Problem, weshalb ich hier bin, erscheint mir jetzt plötzlich nicht mehr so groß und schwer." Die innere Arbeit kennzeichnet den Seelenraum. Es geht um das Bewusstsein, wie ich mich vorbereite und wie ich wähle, mich in diesem Raum zu bewegen bzw. wie ich mich von dem, was im Raum auftaucht, bewegen lasse. Wenn ich in dieser Haltung präsent bin und der Seelenraum somit geöffnet ist, können die Seelen tanzen. So kann sich die Kunst der Psychotherapie weiter entfalten.

Ich versuche mir meiner selbst-bewusst zu sein. Bewusstheit darüber zu haben, was ich habe, was ich tue, was ich fühle, was ich bin. Es ist ein aktiver Prozess auf mehreren Ebenen. Es gibt eine innere Ebene – welche die körperlichen und emotionalen Wahrnehmungen beinhaltet, wie „ich spüre" z.b. meinen Herzschlag, Aufregung, Hunger, Spannung im Nacken, etc. Dann ist da auch die äußerliche Ebene – das, was ich im Außen über die anderen Sinne wahrnehme z.B. „Ich höre die Glocke.", „Ich sehe die Vase.", „Ich rieche Rosen.", „Ich spüre den Wind.". Weiters ist auch noch die transpersonale, spirituelle Ebene, die Ebene der Spirits – die mir z.B. sagt: „Ich kann auf die Weisheit der Seele vertrauen.".

In diesem Bewusstsein nehme ich gleichzeitig wahr, wer ich bin und wer mein Gegenüber jetzt ist, was ich tue und was mein Gegenüber gerade tut. So sind wir beide im Sein und im Hier und Jetzt.

Wenn ich in diesem Seelenraum bin – ohne Erwartungen und mit offenem Herzen und mir meiner selbst bewusst – dann werde ich mit großer Wahrscheinlichkeit ganz anders reagieren als sonst im Leben, wenn ich einfach re-agiere auf das, was mir gerade entgegen kommt. Im Seelenraum zu sein, ist auch sehr anstrengend und daher sind wir oft im Alltag uns unserer selbst nicht sehr bewusst, sondern etwas „verschlafen". Ich kann meinem Gegenüber aus meiner Seele anders begegnen als vielleicht sonst üblich und dies alleine verändert bereits. Die Seele des Gegenübers findet ihren Fluss wieder und Blockaden können sich lösen.

Wenn in diesen Augenblicken der Begegnung von Seele zu Seele von meinem erlernten Wissen etwas auftaucht, dann bringe ich es natürlich in den Raum hinein. All die Hinweise, die nun in diesem Raum im Hier und Jetzt über die Sinne auftauchen, sind nun hilfreich und können genutzt werden. Ich kann die Informationen und Gefühle in meinem Körper wahrnehmen, der in Resonanz mitschwingt und dessen Informationen ich wiederum in den Raum hinein geben kann, wenn es sich richtig für mich anfühlt.

Wenn ich mein Herz in Liebe geöffnet habe, werde ich merken, was ich sagen oder tun kann, ohne dass sich der andere vor den Kopf gestoßen oder beobachtet fühlt. Es tauchen automatisch die Worte auf oder das, was es zu tun gibt. Es ist ein Gewahrsein über alle Sinne, die ich zur Verfügung habe, um mein Gegenüber wahrzunehmen. Dies hilft, präsent für den Augenblick der Begegnung zu sein.

Wenn sich in diesem Raum offene Gestalten zeigen oder sogenannte blinde Flecken auftauchen und sie sich nicht von alleine durch die Bewusstheit schließen, können eine Fülle an kreativen und ausdrucksfördernden Techniken aus verschiedensten Richtungen (Malen, Tonen, Basteln, Sandspiel, etc.) angeboten und genutzt werden. Dabei ist aber diese zuvor beschriebene Begegnung das Aller-wichtigste; sie bildet das Fundament, auf dem man sich zusammen bewegen kann. Indem die Kinder einfach tun können, im Fluss sein können, ohne einem bestimmten Ziel folgen zu müssen, finden sie den Weg zurück in ihr Inneres wieder. Zudem können auf kreative Weise verborgene und weggesperrte Gefühle ausgedrückt werden, ohne dass Worte dafür gefunden werden müssen. Dies kann in einem weiteren Schritt erfolgen, wenn es wichtig wird, zusammen mit dem Kind Worte für ein Gefühl oder eine Stimmung, eine erlebte Situation von früher, zu finden.

Falls sich Gedanken einschalten oder negative Überzeugungen auftauchen, die mich daran hindern sollten, im Hier und Jetzt oder einfach ganz in dieser Begegnung präsent zu sein, dann können sie nach der Stunde aufgeschrieben werden. Dies um sie bewusst zu machen und für mich und mein Gegenüber wandeln zu können. Denn die innere erlernte Haltung, wie man als Therapeut oder Gegenüber eines Kindes zu sein hat, ist der größte Kritiker, der einen daran hindert ganz offen für diesen Menschen zu sein. Die negativen und einschränkenden Gedankenmuster, die mir bewusst werden, schreibe ich auf wie z.B.: „Ich muss doch etwas tun, einen guten Tipp geben.", „Ich bin so keine gute Therapeutin.", „Die anderen halten mich für verrückt." Zu jedem dieser Sätze darf sich nun mindestens eine positive Aussage finden, die diesen Überzeugungen den Wind aus den Segeln nimmt wie z.B.: „Durch mein Zuhören kann die andere Person sich selbst wieder finden und hören.", „Eine gute Therapeutin macht aus, dass sie gut zuhören und im Hier und Jetzt sein kann.", „Wenn dies bedeutet, das ich verrückt bin, dann bin ich es gerne!"

Wenn ich nun zum Beispiel die Erwartung oder den Wunsch habe, dass ich diesem traurigen Kind heute unbedingt helfen möchte, dass es wieder lachen kann oder den etwas bescheideneren Wunsch, dass es sich nach der Stunde besser fühlt, dann sind schon von Beginn an unsere Rollen festgelegt. Ich bin der Helfer, denn das kann ich, das habe ich ja gelernt. Aber wer ist denn der andere? Der Hilfesuchende – der, dem geholfen wird? Von mir? Das mag auch stimmen, denn das Kind kommt deswegen in die Stunde. Ich bin aber überzeugt, dass seine Seele diesen Wunsch nicht hat. Denn die Seele ist in sich ganz und heil. Sie möchte sich einfach mal wieder selber erfahren können, im Fluss sein.

Ich möchte mein Gegenüber auch als dieses Göttliche sehen, als die Seele, die selbst genau weiß, was das Beste für sie ist und wie sie sich helfen kann. Nun scheint mein Gegenüber aber gerade in einer Situation zu stecken, in der ihm das nicht gelingt, weil er sich selbst nicht spüren kann. Er hat vergessen, wer er ist und dass alles in ihm drin ist oder er hat ganz einfach den Ort dieses Wissens vergessen. Also muss ich ihm nicht per se helfen, sondern ihm eben einen Seelenraum zur Verfügung stellen, der möglichst frei von Erwartungen und Wünschen ist, an dem sich das Kind, der Jugendliche, der Erwachsene wieder finden und entdecken kann. Ein Ort der (höheren) Liebe. Ich darf sehr wohl den Wunsch haben, dass es meinem Gegenüber besser gehen möge. Dafür bitte oder anders gesagt, bete ich zu Beginn einer jeder Begegnung, lasse dann aber die Erwartungen an mich und den anderen los, dass es danach besser gehen „muss". Wenn ich eine Erwartung an mich habe, dann ist es die, mein Bestes zu geben, um diesen Seelenraum zu ermöglichen.

8.4 Schamanische Heilreisen und Rituale in der Praxis

„Die Kinder von heute sind die Gesellschaft von morgen."
(Dalai Lama)

Die Kinder und wie sie aufwachsen sind die Basis unseres Seins von Morgen. Was sie gelernt haben und wie mit ihnen umgegangen wird, das werden sie auch ihren Kindern weitergeben. Sich im Alltag bewusst Zeit für die Kinder nehmen, ihnen zuhören, sie verstehen und ihnen helfen, wieder in Fluss zu kommen, ohne sie nach unseren Vorstellungen verändern zu wollen, wäre eine hilfreiche Haltung. Dies ist ein Weg, um Kontakt zur Seele der Kinder zu finden. Denn die Kinder sind unsere wundervolle Zukunft. In vielen schamanischen Traditionen sind Kinder etwas sehr Heiliges, weil sie noch so nahe am Göttlichen sind in ihrer Reinheit und Unschuld.

Ich freue mich, dass ich durch dieses Buch diejenige sein darf, die immer wieder ins Bewusstsein ruft, wie einzigartig, wundervoll einfach und weise Kinder sind und dass sie alles in sich haben, um zu wachsen. Wir können für gute Wachstumsbedingungen sorgen. Alles andere wird die Seele schon tun.

Laut Erich Roth, klinischer Biochemiker und Ethnologe, bestätigen neue Ergebnisse der Hirnforschung, dass eine Therapie oder Heilarbeit versuchen sollte, das emotionale Gedächtnis zu erreichen.[137] Hier liegt nicht nur der Schlüssel für ein neurotisches Verhalten, sondern auch für die körperliche Manifestation vieler Krankheiten.

Bis vor kurzem war die Kognitionsforschung (Erforschung der Fähigkeiten des Gehirns) der Meinung, dass Entscheidungen nach rational-logischen Prinzipien erfolgen. Heute wissen wir, dass nicht das rationale Bewusstsein, sondern die Emotionen entscheidend sind und wesentlich zur Entscheidungsfindung beitragen. Heilende Verfahren müssen daher wesentlich und nahezu zwingend auf der emotionalen Ebene eingreifen. Der Schamanismus hat sich seit jeher Methoden zugewendet und diese verfeinert, die tief in das emotionale Geschehen eingreifen – und er war hier wohl Wegbereiter der modernen Psychotherapie, ohne bis heute den gesetzlichen Heilauftrag bekommen zu haben.[138]

Johannes Franck zeichnet ein schönes Bild, in dem er beschreibt, wie ein Kind auffällig wird, weil zu viele Dinge in das Kind hineingeschüttet werden, ob es diese will oder nicht.[139] So gleicht das Innenleben mancher Kinder einem Acker, auf dem viele unzerkleinerte Felsbrocken herumliegen, die noch unzerkaut und unverdaut da liegen, weil die Kinder sie einfach so übernehmen mussten. Wenn sie langsam

---

[137] Erich Roth, 2007a
[138] vgl. Roth, 2007b
[139] Johannes Franck, 1997, S.52f.

wieder zu spüren beginnen, was sie bedrückt, machen sie auch wieder Versuche, das herauszulassen, was noch unverdaut in ihnen liegt.

Hier möchte ich nun vor allem Ideen anführen, die sich aus der schamanischen Arbeit auch in der therapeutischen Praxis als äußerst heilsam erweisen:

Die Arbeit mit Krafttieren ist unter den Psychologen bereits bekannt und auch weitgehend akzeptiert, obwohl auch hier niemand wissenschaftlich erklären kann, wie es funktioniert. Weshalb wir plötzlich mehr Kraft haben, wenn wir an das Krafttier denken und es bei uns wissen. Im Schamanismus sind es die Spirits, die außerhalb unserer Person sind. Sie begleiten uns und kommen zu Hilfe, wenn wir sie rufen. Wir können uns auch aktiv mit ihnen verbinden, wenn wir Hilfe oder Kraft brauchen.[140]

Egal mit welchen „Krankheiten" und Symptomen Kinder zu mir in die Praxis kommen, die Arbeit mit den Krafttieren (in der Psychologie würde man wohl eher von der Kraft der inneren Bilder sprechen) geht sehr einfach und schnell und hilft den Kindern sehr. Denn hinter allen Beschwerden und Symptomen wartet eine Heilsgeschichte, welche sie uns gerne erzählen oder zeigen möchten. Die Krafttiere kommen aus der Ganzheit, ihnen sind somit keine Grenzen gesetzt. Sind wir mit ihnen in Kontakt, so sind wir auch unmittelbar mit anderen Ebenen des Seins verbunden.[141] Die Bilder, die wir durch diesen inneren und/oder äußeren Kontakt erhalten, besitzen eine Kraft, die uns heilen kann, eben weil sie tief in das emotionale Erleben eingreifen. Wenn wir in diesem Kontakt mit den Krafttieren etwas verändern, nur schon dadurch, dass wir mit ihnen in Kontakt sind, dann ändert sich auch etwas in unserem emotionalen Erleben.

Ich lasse vor allem Kinder, die traumatische Erlebnisse erfahren mussten oder emotional sehr bedürftig sind, ihr Krafttier zum Leben erwecken. Ich frage sie, welches Tier sie gebrauchen könnten, das ihnen mit seiner Kraft hilft, die nächste Zeit besser zu überstehen. Meistens nennen sie ihr Krafttier sofort, ansonsten lasse ich Raum, um beispielsweise mit ihnen gedanklich in den Zoo zu gehen, vor einem

---

[140] vgl. Kapitel 3.3.2
[141] vgl. Rüesch, 2006, S.80f.

leeren Käfig zu stehen und zu schauen, wer nun kommen wird. Eine andere Möglichkeit besteht in der Zuhilfenahme von Tierkarten, von denen sie sich eine aussuchen dürfen. Dann lasse ich sie ihr Krafttier malen. Wenn sie wollen, helfe ich ihnen, ihr Krafttier von der Vorlage auf einen Stoff zu übertragen, um so ein Stofftier herzustellen. Zusammen schneiden wir es aus, nähen es von Hand zusammen und füllen es mit Watte, damit es lebendiger wirkt. Diesem selbst gemachten Stofftier wird dann noch ein Name eingeflüstert bzw. eingehaucht. So erwacht schließlich ihr persönliches Krafttier zum Leben. Sie werden oft zu ständigen Begleitern, die die Kinder kaum mehr aus der Hand geben und die einen festen Platz in ihrem Bett einnehmen. Sie werden zu kleinen, großen Schätzen, die sie daran erinnern, dass sie nicht alleine sind und jemand da ist, der sie begleitet und von dem sie Kraft bekommen.

Eine wesentlich stärkere Wirkung erhalten diese Hilfsquellen bzw. Helferkräfte, wenn sie zusätzlich gemalt oder geformt werden, so dass sie auch äußerlich sichtbar werden. Auf diese Weise können sie sich verdichten. Dies kann aber auch durch Schreiben, Gedichte, Tänze oder Lieder geschehen. Das sind übrigens vielfach praktizierte schamanische Methoden. Diese Arbeiten werden zu schönen, kleinen und kreativen Schöpfungswerken mit großer und sofortiger Wirkung. Kinder und Erwachsene bekommen sofort Kraft und fühlen sich energievoller und wacher. Wenn in der therapeutischen Arbeit ein Krafttier auftaucht und ich es malen lasse, so ist die Zeit, die mit Malen verbracht wird, schon ein erster Kontakt mit dem eigenen Krafttier und dessen Kraft. Je nach Anliegen ist es wichtig und schön, mit dem Krafttier vertiefter zu arbeiten und mit ihm Kontakt aufzunehmen. Wenn jemand gerne tanzt, gebe ich Raum, um eine einfache Tiermaske zu gestalten, die mit einem Gummiband sofort getragen werden kann. Dann trommeln und rasseln wir zusammen, um in einen Rhythmus zu kommen, in dem sich der Klient mit seinem Krafttier verbindet und das Tier durch ihn seine Kraft tanzen kann. Dabei kann der Klient die Kraft des Tieres spüren und mit ihr verschmelzen. Wenn der Tanz vorbei ist und das Kind oder auch der Erwachsene wieder ganz in diese Alltagsrealität zurückkommt und die Maske abnimmt, ist ein Strahlen sichtbar. Es ist eine neue Kraft in diesem Menschen. Viele sind erstaunt und sagen, sie hätten sich vorher nicht vorstellen können, ein Tiger zu sein. Es habe sich so anders und so gut angefühlt!

Wenn Kinder zu mir kommen, die von Ängsten geplagt sind, dann können oft die Krafttiere am besten helfen. Gemeinsam mit dem Kind kann man zum Krafttier reisen und das Kind kann es selbst fragen: *„Was kann ich tun, damit meine Angst zurück geht?"*, *„Was hilft mir, mich besser zu fühlen?"*, *„Was kann ich tun, dass es mir wieder gut geht?"*.

Gerade wo Ängste sind, lohnt es sich hinzuschauen. Leider fehlt uns oft die Kraft oder der Mut, dies zu tun und wir rennen solange davon, bis wir nicht mehr können. Wenn wir jedoch den Mut haben, der Angst in die Augen zu sehen und mit ihr zu reden, dann kommen wir auch viel einfacher wieder ins Handeln, können den Weg wieder weiter gehen und müssen nicht mehr wegrennen.

Ein 12-jähriges Mädchen, ich nenne sie Sina, ist wegen Versagensangst (so hat Sina diese Angst selbst ausgedrückt) zu mir gekommen. Sie hatte durch ihre Mutter von der Arbeit mit Krafttieren gehört und wollte gerne ihr Krafttier kennenlernen, das ihr bei ihrer Angst helfen konnte. Sie fühlte sich beim gemeinsamen Eintrommeln total zufrieden und sagte, sie konnte sich so gut entspannen. Nachdem ich ihr erklärt hatte, wie sie zu ihrem Krafttier reisen konnte, ging es auch schon los. Sina konnte wählen, ob sie bei der Krafttierreise sprechen möchte, mir erzählen, was sie gerade sieht, spürt oder fühlt oder ob sie es erst danach erzählen möchte. In der ganzen Zeit hatte Sina ein Lächeln auf den Lippen und als sie zurückkam, erzählte sie mir strahlen: „Ich habe eine wunderschöne Katze gesehen. Sie sagte zu mir: „Wir machen das schon." Das hat sich super angefühlt. Wenn ich sie brauche, dann soll ich sie rufen. Und dann haben wir zusammen gespielt." Manchmal ist es wirklich so einfach und das ist doch wundervoll. Nach zwei Wochen sah ich Sina wieder. Die Prüfungen in der Schule waren gut gegangen und auch sonst fühlte sie sich befreiter. In dieser Stunde wollte sie nochmals zu ihrer Katze reisen und sich bei ihr bedanken. Danach lud sie ihr Krafttier zu einem Tanz ein und sie fühlte sich stark, wie sie mir danach berichtete. Einen

Monat später rief sie mich an, dass ihre Eltern ihr endlich ein Haustier erlaubt hatten und sie habe jetzt eine Katze. Die Katze sähe genauso aus wie ihre Krafttier-Katze. Sie sei glücklich und zufrieden.

Tiere in unserer Alltäglichkeit und Krafttiere haben die Fähigkeit, unsere Herzen zu öffnen und schaffen es auf ihre Weise, unsere Gefühle positiv zu verändern. Oft kommen Kinder von den Reisen zurück und haben so einfache Dinge als Hilfestellung bekommen, dass man denkt, da muss etwas anderes sein, das hilft als dieser Gedanke allein:

Ein Bub kam von der Krafttierreise zurück und strahlte: „Mein Krafttier sagte mir: „Ich sage Dir – Spielen ist manchmal einfach das Wichtigste auf der Welt. Also spiel mit mir!". Nun werde ich einfach zwischendurch mit meinem Krafttier spielen und mir wird es besser gehen."

Ein Mädchen, 9 Jahre alt, welches sehr viel Angst um seine Mutter hatte, kam von einer Reise zu ihrem Krafttier zurück und lächelte: „Jetzt geht es mir gut, denn mein Krafttier hat zu mir gesagt, dass ich mir zu viele Sorgen mache. Ich solle einfach mit Malen beginnen, wenn ich merke, dass ich anfange, mir Sorgen zu machen." Nach vier Wochen hat sich ganz klar herausgestellt, dass dies geholfen hat. Ihre Mutter sagte mir, dass es viel besser geworden sei mit ihrer Angst. Sie male nun wieder viel; dies habe sie kaum mehr gemacht, als sie so viel Angst hatte. Dies sei ihr vorher gar nicht aufgefallen.

Ein 7-jähriges Mädchen, das sich in der Schule kaum konzentrieren und still sitzen konnte, traf einen Hund auf ihrer Reise, der zu ihr sagte: „Schau mir beim Schlafen zu. Ich liebe es zu schlafen. Komm und träume ein bisschen mit mir." Erstaunlicherweise konnte sie bei der Reise wirklich 5 Minuten still liegen bleiben. In den nächsten Stunden wollte sie ihren Hund wieder besuchen, spielte und träumte mit ihm. Von der Mutter bekam ich nach zwei Wochen die Mitteilung, dass sie positive Rückmeldung von der Lehrerin bekommen habe, weil das Mädchen sich viel besser konzentrieren könne.

Ja, danke an euch, ihr lieben Krafttiere. Was auch immer ihr genau tut und wie auch immer ihr das macht, auf jeden Fall hilft es und das ist, was wirklich zählt!

8.5 Beispiele zu Ritualen: Einzelkontakt und Gruppen

„Ein Kind ist kein Gefäß, das gefüllt,
sondern ein Feuer, das entzündet werden will."
(Francois Rabelais, 1494–1553)

Rituale sind seit jeher ein wichtiger Bestandteil unseres Lebens. Auch wenn in der westlichen Welt das Wissen um sie und ihre Bedeutung vielfach verloren gegangen zu sein scheint, erkennen wir doch allmählich wieder verstärkt ihre Bedeutsamkeit und Sinnhaftigkeit für unser Leben und unseren Alltag. Rituale haben bei Neubeginn, Übergängen und Abschieden eine wichtige Bedeutung. Nicht von ungefähr sind Generationen von Ethnologen immer wieder der Faszination von Ritualen verfallen. Rituale, bei denen Menschen aus der Alltäglichkeit austreten und durch Zeichen und Symbole, Gesänge und Tanz vom Normalzustand auf eine andere Ebene des Bewusstseins treten. Ritualen liegt immer eine klare Absicht zugrunde und es ist das zentrale Anliegen eines jeden Rituals, Emotionen zu wecken.[142]

Eine wichtige Aufgabe des Schamanen ist, dass er durch seine Rituale das Gleichgewicht und die Harmonie in seinem Volk aufrecht erhält und so unter anderem für Glück, Gesundheit und gelungene Ernten sorgt. Während man früher davon ausging, dass nur wenige Menschen dazu berufen sind, Schamanen zu werden, betrachten manche Forscher heute die schamanischen Fähigkeiten als allgemein menschliches Potenzial, das theoretisch in jedem Menschen geweckt werden könnte.[143]

Gerade wenn wir in Situationen sind, in denen wir von irgendetwas Abschied nehmen müssen oder an unserer Wertigkeit zweifeln, weil wir unsere Fähigkeiten nicht erkennen oder schätzen können, dann ist es an der Zeit, diese vermeintlichen Mängel anzusehen, um die

---

[142] Roth, 2007b
[143] vgl. Kalweit, 1986

positiven Perspektiven dieser Situationen zu erkennen und diese für uns in Stärkung zu wandeln. Diese Stärkung kann über rituelle Handlungen in den Alltag gebracht werden.

Ich möchte an dieser Stelle mehrere Beispiele zu Ritualen beschreiben. Insbesonders wie die schamanische ganzheitliche Art in der Praxis mit Kindern einfach eingebaut werden kann – mit Erfolg und großer Heilwirkung. Kinder verlangen oft von selbst danach, weil sie genau spüren, was sie gerade brauchen.

8.5.1   Rituale in der Einzelsitzung

Vielleicht habe ich dank meines sehr lebendigen inneren Kindes einen guten und leichten Zugang in die magische Welt der Kinder. Ich wachse jeden Tag in den Begegnungen mit ihnen. Die Kinder lehren mich jeden Tag aufs Neue im Hier und Jetzt zu sein, präsent und authentisch zu sein und vor allem in eine wirkliche Begegnung mit ihnen zu gehen, neugierig mit ihnen diesen Raum zu entdecken. Den Kindern ist ein ganz leichter Zugang zur Intuition, jenem Wissen, das plötzlich in ihnen auftaucht, zu eigen. Dies kann ich regelmäßig bei Ritualen erleben, wenn Kinder in Erwachsenen-Gruppen dabei sind oder wenn mit einem Kind in Einzeltherapie ein Ritual erschaffen wird. Es kommt ganz spontan aus ihnen heraus. Wenn ich ihnen folge, die Mittel zur Verfügung stelle und mit offenem Herzen wachsam bin, setzen sich ihre Ideen wie von selbst fließend um. Dann sprudelt es und alles fühlt sich rund und im Fluss an.

Ich möchte an dieser Stelle ein Geschenk teilen, das Mut machen soll, der inneren Weisheit zu vertrauen und ihr zu folgen:

Der sehr sensible und aufmerksame 8-jährigen Julian, hat gerade sehr mit starken Wutanfällen in seinem Alltag zu kämpfen. Er sagt mir, dass wir das nächste Mal trommeln könnten, um mit der daraus gewonnen Kraft zur Wut gehen zu können. Er möchte ihr sagen, dass sie viel zu stark sei und er gerne diesen Teil von ihr dazu überreden möchte, an einen anderen Ort zu gehen. Damit es ihr dort nicht langweilig wird, können wir ihr ein Lied da lassen. Dazu könnten wir trommeln und ihr vielleicht noch eine andere Wut zum Spielen bringen, damit sie auch wirklich dort bleibt.

In der nächsten Stunde lassen wir zusammen ein Wutritual entstehen, das mit Klangschalen beginnt, um seine Füße leichter werden zu lassen, damit er einfacher zur Wut fliegen kann. Dann soll ich in einem von ihm gewählten Trommelrhythmus trommeln, wenn er sich auf einem bestimmten Platz im Raum mit der Wut treffe. Wenn er fertig sei, dann bewege er sich durch das Wasser (blaues Tuch) zur Insel. Da müsse ich dann mit über das Wasser kommen und mit einem anderen Trommelrhythmus helfen, das Lied und den Tanz für die Wut zu finden, damit sie auch wirklich glücklich an diesem Ort sei. Dann solle ich schon zurück gehen und die Klangschalen spielen, damit seine Füße wieder leicht werden und auch sein Kopf frei wird, während er zurück kommt an seinen Startort. Dort solle ich dann in einem etwas schnelleren Tempo die verschiedenen Klangschalen anschlagen, bis er die Augen wieder öffne.

Am Ende öffnet er die Augen, schaut mich liebevoll und strahlend an und sagt: „Danke für deine tolle Begleitung und weißt du was, ich kann in meinem Bauch etwas Neues spüren, was ich noch nicht kenne. Wie einen neuen Raum, der sich so warm und gut anfühlt. Wir haben das gut gemacht, es hat funktioniert!". Es war schön, ihn bei der Suche nach seinem Wutlied und Wuttanz zu begleiten.

Es war ein großes Geschenk, ihn bei seinen kreativen Ideen begleiten zu dürfen und Zeugin für dieses schöpferische Kunstwerk zu sein.

Da der Schamane jemand ist, der die Natur und die dahinter liegenden Kräfte kennt und ehrt, haben die Elemente einen hohen Stellenwert. Für die sibirischen Schamanen ist das Feuer die größte Kraft der Transformation. Das Wort „shaman", welches vor allem aus dem sibirischen Gebiet stammt, bedeutet übersetzt „mit Hitze und Feuer arbeiten" oder anders ausgedrückt „jemand, der Energie umwandelt".[144] Deshalb möchte ich nun auch an dieser Stelle ein

---

[144] vgl. Kapitel 4.2

Beispiel aus der Arbeit mit dem Element Feuer beschreiben – das Feuer, als größte Kraft der Wandlung. Es wird ganz oft intuitiv verwendet, wenn es darum geht, etwas Altes abzugeben und aufzulösen (zu transformieren), um Raum für Neues entstehen zu lassen:

In der Arbeit mit dem 9-jährigen Samuel, der noch sehr an der Trennung seiner Eltern vor drei Jahren leidet, hole ich in einer Stunde die Energie des Feuers mit dazu. Er hat von sich aus weise formuliert, dass er diesen Schmerz gerne wandeln möchte, denn seine Traurigkeit nehme ihm die Kraft für andere Dinge. In dieser Stunde ist es leider nicht möglich, ins Freie zu gehen, um ein Feuer zu machen, das natürlich einen innigeren Kontakt zu dieser Energie und der Mutter Erde herstellen würde. So lasse ich ihn im Sandkasten einen Ritualplatz gestalten. Das Element Feuer kann auch ganz einfach durch eine Kerze hergeholt werden. Nachdem er den Ritualplatz für sich passend gestaltet hat, beten wir laut zusammen, rufen die Feuerkraft an und bitten sie, bei der Wandlung seines Anliegens zu helfen. Das Anliegen, das er umwandeln möchte, hat er zuvor gemalt, gestaltet und aufgeschrieben und nun darf er es in der Feuerstelle im Sandkasten verbrennen. Dazu gestaltet er spielerisch ein Ritual mit menschlichen Figuren, die zu diesem Zweck anwesend sind. Zum Abschluss bedanken wir uns gemeinsam beim Feuer. Als Dank kann irgendetwas hinterlassen oder ausgesprochen werden, das er gerne dem Feuer geben möchte. Die Asche nimmt er anschließend mit – um sie zu Hause selbst Mutter Erde zu übergeben. Bei ihm hat sich anschließend noch eine spielerische Szene im Sandkasten fortgesetzt, was für die Seele und zur weiteren Festigung der Wandlung eine schöne Möglichkeit ist.

8.5.2   Gruppenrituale mit Kindern

Ich möchte hier anhand von drei verschiedenen Beispielen einen kleinen Einblick geben, wie Rituale mit Kindern in diesem gemeinsamen Spirit „Therapie und Schamanismus" aussehen könnten. Bei der ersten Gruppe „Krafttier-Trommeln" kamen vor allem Kinder zusammen, die ihr Krafttier kennenlernen wollten. Diese Gruppe wurde durch ihre Eltern initiiert. Sie hatten den Wunsch, ihren Kindern auf diese Weise Unterstützung zu geben, damit sie Kraft für ihren Alltag holen können.

Das zweite Beispiel beschreibt einen Ritualtag aus einer therapeutischen Gruppe mit dem Thema „Gepäck ablegen". Alle Kinder in dieser Gruppe hatten traumatische Erlebnisse in ihrem Leben erfahren müssen. Sie hatten alle den Wunsch, sich für einen Tag zu treffen, um Altes aus ihrem Gepäck abzugeben, damit wieder Platz für Neues frei werden kann.

Das dritte Beispiel beschreibt ein Übergangsritual „Vom Kindergarten zur Schule", welches direkt im Kindergarten gemeinsamen mit mindestens einem Elternteil stattfinden durfte. Ein wunderschönes Beispiel, wie heutzutage die Kraft der Rituale gemeinsam in den Alltag eingebaut werden kann.

8.5.2.1 Krafttier-Trommeln: „Krafttier, komm und tanz mit mir!"

An diesem Nachmittag haben sich 8 Kinder im Alter von 7 bis 8 Jahren für drei gemeinsame Stunden zusammen gefunden. Zuerst lernen wir uns kennen und ich erkläre die schamanische Sichtweise der Welt, dass alles, was ist, lebendig ist. Das ist für die Kinder nichts Neues, denn sie sind in dieser magischen Welt in ihrem Alter noch zu Hause. Wir fangen an unseren Mittelpunkt zu erschaffen und den Kreis zu rufen: „Mitakuye oyassin", das sagen die Indianer, wenn sie zusammen kommen. Es bedeutet: „Alles was ich tue, tue ich für mich und all meine Verwandten." Mit den Verwandten sind Steine, Pflanzen, Tiere und auch die Menschen gemeint.

Die Indianer haben einen Platz, an dem sie zusammen kommen. Der ist rund – ein Kreis. Der Kreis ist ein Ort, in dem Gleichgewicht herrscht und somit jeder, der Teil dieses Kreises ist, den gleichen Wert besitzt. In diesem Kreis gibt es spezielle Plätze, wo die Steine, die Pflanzen, die Tiere und die Menschen zu Hause sind und eben auch die Elemente: Wasser, Erde, Luft und Feuer. Es folgen kurz ein paar Worte über die Elemente, aus denen wir bestehen, die wir brauchen, aus denen unsere Erde besteht und die uns ausmachen.

Dann dürfen die Kinder sich zu zweit zusammentun. Jeweils ein Paar ist für eine Himmelsrichtung des Kreises verantwortlich und darf das Element dieser Richtung in den Kreis holen. Für den Süden, wo das Wasser zu Hause ist, wird gemeinsam eine kleine Schüssel Wasser gefüllt und in den Kreis gebracht. Für die Erde, die im Westen zu Hause ist, hält ein Kind eine kleine Schüssel und das andere füllt die Erde hinein, die sie draußen gemeinsam geholt haben. Für den Norden, wo die Luft beheimatet ist, wird Räucherwerk auf einer glühenden Kohle entfacht oder es kann auch ein Räucherstäbchen angezündet werden. Für den Osten, wo das Feuer und Licht wohnt, wird eine Kerze ins Schüsselchen gestellt und gemeinsam angezündet. Wenn alle ihre Elemente zu unserem Mittelpunkt gebracht haben, werden miteinander die Schüsselchen an die Plätze im Kreis gesetzt.

Nun stellen wir uns um die Schüsselchen im Kreis auf und geben uns die Hände. Wir rufen so die Kraft des Kreises in uns, um für diese drei Stunden gut zusammenzuwachsen, damit wir uns gut unterstützen können und sich jeder für den anderen verantwortlich fühlt. Im schamanischen Gedankengut laden wir auf diese Weise das Gruppenwesen ein, das dem Gruppengefühl entspricht. So wird jeder einzelne zu einem Mitglied des Clans. Wir reichen uns die Hände, dabei wird darauf geachtet, dass jedes Kind mit der rechten Hand gibt, die Handfläche schaut nach unten und mit der linken Hand empfängt, die Handfläche schaut dabei nach oben. Denn es ist wesentlich im Leben, dass man beides kann, geben und nehmen, damit man selber in den Ausgleich und in Harmonie kommt. Ansonsten hat man vielleicht von einem zu viel. Währenddessen bewegen wir uns in der stärkenden Richtung (rechts herum) im Kreis und singen gemeinsam ein indianisches Lied, das für den Kreis steht.

Einführen in die Reise zum Krafttier

Da das Trommeln eine harmonisierende Wirkung hat und es vor allem den Kindern großen Spaß macht, dürfen vier Kinder gemeinsam trommeln, während sich die anderen vier Kinder auf die Reise nach ihrem Krafttier begeben. Danach wird gewechselt. Bevor die Kinder ihre Traumreise starten, ist es gut, nach einem Kraftort zu fragen: ein Ort, den sie kennen, an dem sie gerne sind und sich wohl fühlen. Wenn jedes Kind einen Platz hat, dann dürfen sich die Kinder hinlegen. Sie können die Traumreise auch im Sitzen machen – einfach so, wie es ihnen angenehm ist.

„Wenn ihr wollt, könnt ihr alle die Augen zu machen, denn wenn ihr die äußeren Augen schließt, können sich die inneren Augen zur Welt der inneren Träume öffnen."

Sobald die Reise startet, ist es besser, vom „du" zu sprechen, auch wenn mehrere Personen auf Reisen gehen. Auf diese Weise fühlt sich jeder einzelne persönlich angesprochen.

„Mit diesem monotonen Trommelrhythmus gehst du nun auf deine Traumreise, um dein eigenes Krafttier kennenzulernen. Du gehst in deinem inneren Raum zu deinem Kraftplatz, an den Platz, wo du dich wohl und sicher fühlst. Du bittest, dass sich an diesem Ort ein Weg öffnet, der dich nach unten führt. Du kannst das Gefühl bekommen, wie du langsam immer schwerer wirst und in den Boden einsinkst. Es kann sich aber auch eine Treppe oder Rutsche zeigen, die dich mehr und mehr nach unten bringt – bis du spürst, dass du unten angekommen bist. Dann rufe einfach dein Krafttier, es soll sich dir auf irgendeine Weise zeigen."

Wichtig ist, dass es dabei um alle Sinne geht und nicht nur ums Sehen. Die Kraft des Tieres kann auch gespürt, gerochen, geschmeckt oder gehört werden. Manchmal kommt es auch vor, dass ein Kind bereits das Tier ist und die Welt aus der Sicht des Tieres sieht. Bei Kindern ist dies erfahrungsgemäß nicht schwierig; wir Erwachsenen tun uns da leider um einiges schwerer.

„Wenn du ein Tier auf irgendeine Weise wahrnimmst, dann frag es ganz einfach, ob es dein Krafttier ist und was es dir für eine Botschaft mitbringt. Wenn dein Krafttier bei dir ist, kannst du ihm aber auch von deinen Sorgen und Ängsten erzählen, damit es dir dabei helfen kann. Genieße die Zeit mit deinem Krafttier und sobald die Trommel den Rhythmus wechselt, kannst du dich bei deinem Krafttier bedanken und dich verabschieden. Dann gehe einfach den Weg zurück, bis du wieder bei deinem Kraftplatz angekommen bist und komm wieder ganz hierher. Du spürst dich und deinen Körper, wie du hier liegst, dann kannst du dich strecken und recken. Vielleicht tief ein- und ausatmen und in deinem Tempo wieder ins Hier und Jetzt kommen.“

Ohne zu sprechen nehmen sich die Kinder anschließend Zeit, um ihr Krafttier zu malen, so dass es in diese Wirklichkeit kommen kann. Die anderen Kinder trommeln währenddessen ganz leise weiter. Wenn alle fertig sind, dann werden die Rollen gewechselt. Falls es doch ein Kind geben sollte, welches kein Tier getroffen hat, kann es nach einem kurzen Gespräch, nochmals mitreisen.

Krafttiertanz

Um dieses Geschenk zu verstärken und die Kraft, die das Tier einem schenkt ganz deutlich zu spüren, kann anschließend mit dem Krafttier getanzt werden. Man bittet das Krafttier, mit einem zu tanzen. Dabei kann man sich über die Geschenke der Kraft und der Medizin freuen, welche das Krafttier gebracht hat, damit wir im Alltag besser zurechtkommen. Oft fällt es leichter und ganz speziell Kinder mögen es gerne, wenn eine Krafttiermaske gebastelt wird, mit welcher nachher der Tanz des Tieres getanzt wird. Wir laden das Tier für diese Zeit des Tanzes dazu ein, in unseren Körper zu kommen, damit wir die Kraft gut spüren können. Das ist wie eine Medizin, die uns bei dem hilft, was wir uns wünschen. Wir leihen für die Zeit des Tanzes dem Krafttier unseren Körper – wir bitten es in diese

Welt herüber, um die Kraft durch unseren Körper tanzen zu lassen.

Die Kinder nehmen am Ende dieser drei Stunden ganz viel mit und das auf verschiedenen Ebenen. Sie durften für jemand anderen trommeln, haben selbst eine Traumreise zum eigenen Tierfreund unternommen, haben in dieser Begegnung gehört, gespürt und wahrgenommen. Sie haben erfahren, was sie tun können, um mit ihrer Sorge besser zurechtzukommen. Zudem können sie ein Bild von ihrem Krafttier mitnehmen, das sie zur Erinnerung an einem Ort aufhängen oder im Geist mit sich nehmen können. Auch haben sie eine Maske gebastelt, mit der sie die Kraft des Krafttieres im Körper spüren können. So haben sie verschiedenste Möglichkeiten erfahren, die ihnen helfen, die Kraft auch im Alltag rufen zu können, wenn sie gebraucht wird.

8.5.2.2 Gepäck ablegen – damit du wieder freier und leichter wirst für deinen Weg!

Auch bei der Bewältigung von traumatischen Ereignissen können Rituale sehr hilfreich sein. Oft wählen Kinder ganz intuitiv rituelle Handlungen, um ihr Leben überhaupt wieder leben zu können.

Bei diesem Ritualtag konnten sich die Kinder von altem Gepäck, das sie für Heute und Morgen nicht mehr brauchen, trennen und es ablegen. In der therapeutisch gestützten Gruppe hatten die Kinder nicht nur die Möglichkeit, einander besser kennenzulernen, sondern auch sich gegenseitig zu stärken, um zum Thema Kraft neue Erfahrungen auf ihren Weg mitzunehmen. Dies lässt sie ihre eigene Wertigkeit erleben und stärkt sie zugleich. Um das Thema emotional zu erfahren und zu erleben, wurden unter anderem spielerische Übungen, kreative Methoden, Bewegungen und Rituale angeboten.

Es war ein wundervoller warmer Herbsttag, als die Kindergruppe mit dem Thema „Gepäck ablegen" mit 7 Kindern im Alter von 8 bis 10 Jahre stattfand. Die 4 Mädchen und 3 Buben haben sich schnell zusammengefunden, um sich einen Tag lang (sieben Stunden) gegenseitig zu unterstützen, zusammen zu spielen, zu trommeln, Altes abzulegen und gemeinsam Neues zu erschaffen. Nach einem spielerischen gegenseitigen Kennenlernen mit Ball und Ballonen haben wir uns alle zu einem Kreis zusammengesetzt. Der Kreis ist im Schamanimus das Symbol für die Schöpfung und somit für eine harmonische Einheit, den Clan, eine Familie für den heutigen Tag. Jeder unterstützt den anderen, die Gemeinsamkeit steht im Mittelpunkt. Dazu wird gesagt, dass wir alle hier sind, weil alle Zeiten erlebt haben, in denen es einem nicht gut gegangen ist und in denen wir Kraft gebraucht hätten. Kraft kann man unter anderem über Tierfreunde holen.

Zuerst haben die Kinder ihr Krafttier kennen gelernt und mit dieser Kraft ein Ritualgewand gestaltet, indem sie entweder ihr Tier oder etwas, das ihnen am Tier oder an der Begegnung wichtig ist, auf das Gewand malen. Dabei standen verschiedenste Arten von Malfarben und auch Materialien zum Gestalten bereit. Dieses Gewand wird sie mit der Kraft ihres Tieres beim Feuer- und Steinritual begleiten.

Gemeinsam wird der nächste wichtige Schritt angegangen, zusammen eine Hütte zu bauen, um sich dort an einem heilenden Ort zu versammeln und weiter wichtige Dinge für das Weggeben des Gepäckes vorzubereiten. Im Schamanischen ist der Westen der Ort der Heilung. Die Hütte wird als Höhle der Bärin gesehen. In der Dunkelheit kann Heilung geschehen, wenn man sich zurückzieht und geschehen lassen kann. Die Bärin ist als Heilerin angesehen. Es ist wie ein sich Zurückziehen in den Mutterleib, um dann nach Beendigung des Rituals, wenn man aus der Hütte wieder hinausgeht, aus dem Bauch der Mutter, wieder neu ins Leben geboren zu werden.

Dies machte den Kindern großen Spaß, denn sie sahen, wie einfach und schnell man selbst eine tolle Hütte bauen kann. Nach dieser Arbeit ging es erst einmal zum wohlverdienten Mittagessen. Das liebevoll, gemeinsam zubereitete Essen, das wir draußen im Schatten des alten Nussbaumes genossen haben, hat allen Kindern sehr gefallen. Vor allem das gemein-

same Zubereiten war für einzelne Kinder ein besonderes
Ereignis, das anscheinend sonst im Alltag bei ihren Familien oft
zu kurz kommt. Sie fühlten sich so stolz und kompetent, dass sie
selbst Essen für andere haben zubereiten können und dies von
den anderen Kindern auch geschätzt und benannt wurde.

Hüttenritual

Da nun alle Vorbereitungen soweit getroffen sind, geht es nach
der gemeinsamen Stärkung zur Hütte. In der Mitte der Hütte
steht bereits eine brennende Kerze bereit, um den heiligen
Raum zu symbolisieren. Weiters sind Trommeln, Rasseln wie
auch Holzstücke, die für das spätere Feuerritual gebraucht
werden, bereits in der Hütte bereitgestellt.

Für den Einzug in die Hütte ist eine Schnur, die gut brennbar
ist, vorbereitet. Diese Schnur symbolisiert, dass wir alle
irgendetwas erlebt haben, das schlimm war, das wir heute nicht
mehr brauchen und von dem wir uns heute befreien dürfen.
Somit hat jeder seinen Teil, den er abgeben kann präsent. Die
Kinder stellen sich nun hintereinander auf und das erste Kind
bekommt den Anfang der Schnur in die Hand. Auch die anderen
halten die Schnur fest und hintereinander kriechen alle in die
Hütte hinein. Wenn alle angekommen sind, sitzen die Kinder in
der Hütte im Kreis um die Kerze und die Enden der Schnur
werden verknüpft. Wir sitzen alle zusammen im Kreis und somit
tragen wir alles gemeinsam – niemand ist alleine. Um dies zu
verstärken, trommeln und rasseln wir und singen alle ein altes
schamanisches Heillied.

Nun ist die Zeit gekommen, in der jeder genau weiß, welche
schlimmen Erfahrungen er weg geben möchte und dazu auch
bereit ist. Ich gehe herum und schneide symbolisch den
gemeinsamen Faden-Kreis mit einer Schere durch und sage
dazu: „Das ist nun deine Erinnerung, die du weg geben
kannst." Alle bleiben so lange im Kreis sitzen, bis jeder den
eigenen Faden in den Händen hält. Dann dürfen sie das für sie
vorbereitete Holzstück nehmen und die Schnur um das Holz
wickeln, um es später zu verbrennen. Das Holz wird nun der

Träger, welcher das Gepäck auf sich nimmt, um es im Feuer zu verbrennen, zu transformieren und den Kindern auf diese Art ihre Last abzunehmen.

Nachdem sie das Hölzchen bepackt haben, wird im Kreis das Bärenlied angestimmt und die Hütte nacheinander verlassen. „Stellt euch vor, ihr seid ein Bär, der gerade vom Winterschlaf erwacht ist. Er tapst noch verschlafen herum und schnüffelt die frische und fröhliche Frühlingsluft." Zu dem Lied tapsen die Kinder nun aus der Hütte heraus und holen sich dadurch auch Kraft, um im Feuerritual das geschnürte Päckchen abzugeben.

Feuerritual – zum Weggeben des Gepäcks

Wie bei den Natives wurde jemand bestimmt, der für das Feuer zuständig ist. Bereits in der Mittagspause wird dieses Kind in seine Aufgabe eingeweiht, denn es darf mit mir gemeinsam das Holz in der Feuerstelle vorbereiten. Wir gehen singend und tanzend zur Feuerstelle, bei der nun der Feuermann das Feuer entzünden darf. Die anderen Kinder trommeln und rasseln dazu und beobachten das Feuer, um so Kontakt aufzunehmen.

Wenn das Feuer brennt, geht ein Kind nach dem anderen zum Feuer und übergibt mit Dank sein Stück bepacktes Holz dem Feuer. Jedem Kind wird genügend Zeit gelassen, bis das Holzstück auch gut Feuer gefangen hat. Das ist ein gutes Zeichen, da dass Feuer die Last gut aufnehmen und somit ihnen abnehmen kann. Die Last wird durch das Feuer transformiert. Als Dank dafür kann jedes Kind dem Feuer Reis oder Räucherwerk schenken, in dem es dieses ins Feuer gibt.

Der Stein wird zum Kraftstein

Neben dem Feuer warten bereits Steine auf die Kinder, die sie als Zeichen für den frei gewordenen Raum in ihnen, aussuchen dürfen. Denn jetzt darf eine neue unterstützende Kraft zu ihnen kommen. Sie können sich aussuchen, welche Kraft sie gerne hätten, die sie anstelle des Alten auf ihrem weiteren Weg begleiten darf. Wenn sie wollen, können sie die Kraft auf den

Stein malen, etwas drauf schreiben oder ein Symbol auf den Stein malen (z.B. Smilie, Linie, Strich, Herz, etc.), das sie an diese neue Kraft erinnert.

Nun gehen wir wieder alle in die Hütte hinein, um dem Stein die neue Kraft einzuhauchen, damit dieser Stein zu ihrem Kraftstein wird. Wieder kann ein Kind nach dem anderen ins Zentrum gehen und dort an die neue Kraft denken, an das Krafttier denken und dabei diese Kraft in den Stein hinein beten und hinein pusten. Die anderen Kinder im Kreis sind ganz wichtig, um mit dem Rasseln und dem Trommeln dem Kind in der Mitte zu helfen, dass der Atem und damit die Kraft gut in den Stein hinein kann.

„Und wichtig ist noch: Wenn jemand von euch diesen Stein verlieren sollte, dann bitte keine Sorgen machen! Dann braucht ihr ganz einfach diesen Kraftstein nicht mehr, um diese Kraft bei euch zu haben. Dann habt ihr andere Erinnerungen oder Erfahrungen, wie ihr diese Kraft rufen könnt." Nach diesem Ritual können die Kinder, wie neu geboren, mit der neuen Kraft aus der Hütte krabbeln.

Zum Abschluss wird gemeinsam sorgfältig die Hütte, der heilige Ort, wieder abgebaut. Danach bedanken wir uns bei uns selbst, bei den anderen Kindern und vor allem beim Element Feuer, dass es uns so viel abgenommen hat. Wir freuen uns gemeinsam, dass wir nun leichter geworden sind, um mit neuer Kraft den eigenen Weg weiter gehen zu können.

8.5.2.3 Übergangsritual vom Kindergarten zur Schule

Immer, wenn der Mensch einen Schritt in eine neue Entwicklungsstufe oder einen neuen Lebensabschnitt tut, ist es eine schöne und stärkende Sache, dies im Rahmen eines Rituales zu tätigen. Weltweit wurde dies in den alten Traditionen immer feierlich zelebriert und wird auch in unserer hiesigen Kultur noch gepflegt. Vielleicht sind die Grundgedanken der alten Traditionen ein wenig in Vergessenheit geraten.

Mit diesem bewusst gestalteten Ritual im Kindergarten war es mir ein Anliegen, Rituale aufleben zu lassen und für die Kinder und ihre Eltern wieder erfahr- und spürbar zu machen. Was ich hierbei besonders herausstreichen möchte, ist die Einfachheit und auch die Natürlichkeit des Wesens eines Rituals. Die vier Elemente, die es dem Menschen möglich machen, auf diesem Planeten zu leben (Wasser, Erde, Luft und Feuer), werden uns auf spielerische Weise helfend durch das Ritual begleiten. Es soll den Kindern Mut, Tatkraft und Freude bringen – alles Qualitäten, die sie in der Schule, wie auch bei weiteren Übergängen brauchen werden.

Vorbereitungen für den Ritualplatz

Der Kreis wurde in der Größe vorbereitet, dass ca. 15 Kinder innerhalb des Kreises ihren Platz finden können. Die Erwachsenen stehen außerhalb des Kreises, damit sie ihre Kinder gut begleiten und unterstützen können, ohne sich in ihre Welt hinein zu begeben. Sie können einfach da sein, präsent sein und die Kinder in einem sicheren Raum tun, erfahren und sein lassen.

Zur Begrüßung ist mir wichtig, mich zu bedanken, dass es möglich ist, dass alle offen und bereit sind, mit und für ihre Kinder wieder Rituale zu tun. Es folgen ein paar einleitende Worte über Übergänge. Alles, was ist, ist im weitesten Sinne Kreis: Lebenskreislauf mit Geburt und Tod, Jahreskreislauf, Blutkreislauf. Deshalb ist der Kreis für die Natives eine heilige Sache.

„Der Kreis ist etwas Altes und Heiliges. Der Kreis beginnt nie und endet nie, er ist einfach. Ihr seid in einem Kreis und alle sind gleich in einem Kreis. Es gibt keinen Ersten und Letzten, keinen Besten und Schlechtesten, ihr seid alle gleich. Es braucht jeden Einzelnen von euch, damit es diesen Kreis gibt."

Alle dürfen sich nun von den bereitgelegten Trommeln und Rasseln eine aussuchen, damit wir zusammen in einem Kreis eins werden können, indem wir trommeln, rasseln, schwingen und tönen.

Das Trommeln geht ganz von alleine, es braucht niemand aktiv auf den anderen schauen. Am besten geht es, wenn man die Augen schließt, dann hört man sich selber gut. Was beim Trommeln geschieht, ist absolut in Ordnung. Man darf einfach tun und sich nicht darum kümmern, ob es hinein passt oder nicht – das tun wir schon genug in unserem Leben. Einfach sich sein lassen.

Nach dem gemeinsamen Schwingen gehen wir zu einem Kreistanz über. Die Kinder und Erwachsenen stehen im Außenkreis. Wir bewegen uns in stärkender Richtung, im Uhrzeigersinn gehend.

„Damit alles, was in diesem Kreis geschieht, auf fruchtbaren Boden fallen kann, werden wir nun im Uhrzeigersinn um den Kreis gehend tanzen. Dazu singen wir ein altes Lied (Heyanana), welches die Natives singen, wenn etwas Neues entstehen darf, damit dies auch vom Großen Geheimnis unterstützt wird und gut gehen kann. Da dieses Gebet aus dem Herzen kommt und es etwas Schönes ist, darf man es ruhig auch hören."

Danach rufen wir den heiligen Kreis gemeinsam: „Ich habe euch etwas mitgebracht. Einiges davon kann man ganz klar und deutlich sehen, denn das sind die Kreisfahnen. Das andere könnt ihr Kinder vielleicht noch besser sehen als wir Erwachsenen. Das sind die Tiere der vier Himmelsrichtungen – Hilfstiere; und diese werden wir gemeinsam rufen. Hier ist der Osten. Das ist das zu Hause des Feuers, da geht die Sonne auf und der Osten ist das zu Hause des Adlers. Ich brauche eure Hilfe dazu. Wie können wir denn einen Adler rufen? Wie tönt der Adler?"

Die Kinder und die Erwachsenen dürfen sich bewegen und tönen wie ein Adler. Dies darf ruhig verstärkt werden, damit jedes Kind ganz klar für sich weiß, wie es auf seine Art mit dem Adler in Kontakt kommt und ihn dadurch auch gut rufen kann.

Nun beginne ich das Rasselritual, indem ich mich gegen Osten wende, mein Herz öffne und das Feuer sowie den Adler in diesen Kreis bitte. Ich frage dann noch nach, ob die Kinder das Tier vielleicht irgendwie gesehen oder wahrgenommen haben. Wenn nicht, fordere ich sie auf, auch mit dem Herzen zu schauen, um zu sehen, ob sie ihn dann auf diese Weise wahrnehmen können.

Dann geht es weiter mit der Richtung Westen. „Das ist der Westen. Da sind die Steine, die Erde und die Bärin zu Hause. Wie könnten wir gemeinsam einen Bären rufen? Wie tönt ein Bär? Wie bewegt sich ein Bär? Damit wir wissen, wie wir ihn rufen können!"

Wenn es für alle klar ist, wie sie in Kontakt mit dem Bären kommen können, beginne ich das Rufen, indem ich mich gegen Westen richte, um diese Kraft, das zugehörige Element und das beheimatete Tier mit seiner Kraft für das Ritual zu rufen.

Nun wende ich mich dem Süden zu: „Hier ist der Süden: Das ist das zu Hause des Wassers und da wohnt auch die Maus. Wie macht denn eine Maus, wie würdet ihr sie rufen?"

Zusammen rufen wir die Maus und schließlich wenden wir uns dem Norden zu.

„Hier ist der Norden: Da sind die Luft und der Büffel zu Hause. Kennt ihr alle einen Büffel? Wenn nicht, dann könnt ihr euch ganz einfach einen Stier oder eine Kuh vorstellen. Wie tönt denn der Büffel, der Stier oder die Kuh? Wie tönen sie?"

Zusätzlich zu den vier Himmelsrichtungen ist es wichtig, der Erde und dem Himmel zu danken und somit ihre Qualitäten zu uns in den Kreis einzuladen: „Mutter Erde, die uns trägt, auf der wir leben und spielen dürfen. Die uns liebt wie eine Mutter und für uns sorgt, dass wir zu essen und trinken haben. Vater Himmel, der von oben gut auf uns schaut, seine schützende Hand über uns hält, damit wir sicher und geborgen unsere Welt erforschen können. Wir danken euch."

Dabei rassle ich für die Erde gegen den Boden und für den Himmel natürlich gegen oben.

Nun ist für die Kinder der heilige Raum bereitet und sie können im Osten durch den Eingang in ihren Kreis treten, denn dort geht die Sonne auf und der Tag beginnt.

Alte Verbindungen gleiten lassen

Um die Kindergartenzeit, die gemeinsam verbrachte Zeit und somit ihre Verbindung untereinander zu verdeutlichen, ist im Zentrum eine Schnur, zu einem Kreis verknotet, bereitgelegt. Die Kinder werden nun eingeladen, sich in einen Kreis zu stellen und die Schnur gemeinsam in die Hände zu nehmen. Es gab Schönes und bestimmt auch weniger Schönes. Bestimmte Erlebnisse, die sie sich weiterhin wünschen und welche, die sie nicht mehr erleben, sondern abgeben möchten.

„In eurer Kindergartenzeit seid ihr langsam zusammen gewachsen und ihr habt einiges in diesem Kreis zusammen erleben dürfen. Niemand hat genau das Gleiche erlebt, denn ein jeder von euch ist einzigartig. Ihr habt Schönes und vielleicht auch weniger Schönes erlebt. Ihr alle seid euren Weg gegangen. Nun steht ein Übergang an, eine Weiche, und dieser Kreis löst sich auf – er wird nie mehr so sein, wie er jetzt ist. Aber jeder hat sein Stück und geht damit weiter auf seiner Lebensreise. Dieses Stück von der Schnur, das du jetzt in deinen Händen hältst, ist deine ganz eigene Kindergartenzeit. Es ist einzigartig, wie auch du einzigartig bist. Kein anderes Kind, das hier mit dir im Kreis steht, hat genau das Gleiche erlebt wie du."

Dann gehe ich im Kreis herum und schneide die Schnur vor und nach jedem Kind so durch, dass am Ende jedes seinen eigenen Teil in den Händen hält und sage dazu:

„Das ist deine Kindergartenzeit, mit all deinen Erlebnissen. Alle bleiben so lange im Kreis bis jeder den eigenen Faden bzw. Weg in den Händen hält. Das Stück Faden in deinen Händen symbolisiert die Zeit im Kindergarten, die du ganz auf deine Art und Weise erlebt hast, wie kein anderer, da du so einzigartig bist, wie auch dieser Kreis und auch er wird nie mehr so sein,

wie er war. Der Kreislauf des Lebens geht weiter und neue Wege, die ihr entdecken könnt, werden frei. "

Nun kann jedes Kind ein Holzstück aus dem Zentrum holen und beginnen, sein eigenes Stück Faden herumzuwickeln und dabei an jenes zu denken, was es nicht mehr braucht, was es an seinem Weitergehen hindern könnte – das darf es jetzt gehen lassen. Und jenes, was es weiterhin auf seinem Weg haben möchte, was es begleiten soll, darf bleiben.

„Wenn ihr euren Faden und somit das, was ihr erlebt habt, an das Hölzchen abgebt, gibt's sicher etwas Schönes, wo ihr Dank sagen möchtet. Das tut ihr mit einem Knoten. Könnt ihr alle Knoten machen? – ansonsten einfach wickeln. Wenn es was nicht so Schönes ist, dann kann das Hölzchen euch dieses Erlebnis, und was an Kraft daran verbunden ist, abnehmen. "
In dieser Zeit hole ich das heilende Feuer (Griller und Holz) in den Kreis.

Feuerritual

Zuerst wird ein kleines Feuer gemacht und dann darf jeder Einzelne sein umwickeltes Holzstück ans Feuer übergeben. Die Erwachsenen rasseln und trommeln im Außenkreis unter-stützend mit. Den Eltern und Begleitern im Außenkreis sage ich dazu, dass es nun etwas länger gehen darf. „Seid in dieser Zeit ruhig mit euren Herzen dabei, wenn ihr trommelt oder rasselt. Fühlt dabei, dass ihr eine sanfte, liebevolle, stärkende Beglei-tung im Rücken eurer Kinder seid. Ihr könnt euch einfach freuen, euer Kind jetzt so zu sehen. Seid einfach da und schaut zu, was euer Kind tut, wie und welchen Weg es geht. "

Jedes einzelne Kind darf alleine zu mir ans Feuer kommen und kann sein Hölzchen mit den Erinnerungen ins Feuer geben. Und die anderen warten ein wenig, bis es Feuer gefangen hat und erst dann kommt das nächste Kind ins Zentrum und darf sein Hölzchen ins Feuer geben.

Nun wird zum Bärentanz übergeleitet, der Kraft geben soll für den neuen Weg.

144

„Die Wünsche steigen mit dem Rauch zum Himmel auf. Das Holz, die Materie, darf verbrennen und zu Erde werden. In der Erde wohnt die Bärin, und sie hat ganz viel Kraft. Und wir können nun gemeinsam mit dem Bärentanz und dem Bärenlied die Bärin bitten, dass sie jedem einzelnen von euch etwas von ihrer Kraft gibt, die ihr sicherlich gut für die Schule gebrauchen könnt. Wollen wir dies nun gemeinsam tun?"

Das Feuer brennt noch und wir nehmen uns an den Händen.

„Wir rufen nun die Bärin um ihre Hilfe, damit dieser Übergang gut gehen kann. Ganz zu Beginn haben wir gemeinsam den Bären gerufen, wisst ihr noch? Stellt euch den Bären vor, wie er zu euch kommt. Und nun werdet zum Bären. Wir sind alle Bären und tanzen den Bären-Tanz der Kraft."

Das Feuer kann man dabei ruhig ausgehen lassen und nach dem Tanz mit einem Eimer Wasser löschen. Ich halte den Eimer hin und alle dürfen mit ihren Händen aus dem Eimer Wasser ins Feuer spritzen (nachdem das meiste schon gelöscht ist).

Die Kraft der Steine

Um nun mit der neu gewonnen Kraft einen bewussten Schritt in den neuen Lebensabschnitt zu tun, werden die Eltern gebeten, sich immer zu zweit an den Händen zu halten und so einen Tunnel zu bilden, durch den die Kinder gehen können. Der Tunnel wird im Osten aufgebaut, damit die Kinder von der Mitte des Kreises in Richtung Osten starten können, wo die Kreativität und das neue Leben zu Hause sind. „Bei den Natives ist alles miteinander verbunden, wie ihr es kennt vom Kreis. So sind in ihrem Denken auch die Tiere, Pflanzen und die Steine ihre Brüder und Schwestern. Die Steine sind schon am längsten auf dieser Welt und somit die Ältesten und haben somit am meisten von allen erlebt, haben die meisten Erfahrungen gemacht und sind sehr weise. Also ist es eine Ehre, wenn du einen Stein hast und diesen immer fragen kannst, wenn du etwas wissen möchtest. Der Stein trägt große Kraft in sich und ihr könnt nun euren Wunsch für die Schule in diesen Stein hinein flüstern oder gedanklich hinein geben. Alle Steine sind miteinander verbunden. Falls du deinen Stein einmal verlieren solltest, dann wird dir ein anderer Stein helfen. Geh einfach hinaus in die Natur und finde deinen Stein, der dich begleitet und erzähle ihm von deinen Wünschen."

Etwa in der Mitte des Tunnels wird nun die Schüssel mit den Steinen platziert. Jedes Kind darf nun alleine durch den Tunnel gehen und wenn es sich den Stein ausgewählt hat, dann kann es bewusst aus dem Tunnel herausspringen. Die Eltern begleiten diesen ganz wesentlichen Sprung mit einem jubelnden Zuruf. Ich stehe am Ende des Tunnels im Osten und begrüße sie herzlich im neuen Abschnitt: „Herzlich Willkommen!" Alle Kinder warten dann, bis jeder mit seinem Stein da ist.

Der Abschlusskreis

„Wir wollen nun dem Kreis danken und verabschieden, den wir am Anfang zusammen gerufen haben, unsere Helfertiere wieder nach Hause schicken und auch uns allen „Auf Wiedersehen" sagen. Dazu nehmen wir uns alle nochmals an den Händen. Wir kommen nahe in der Mitte zusammen und werden dann gemeinsam die Hände nach oben schwingen. Wir schicken dabei unsere Wünsche mit den Händen nach oben in den Himmel und beim vierten Mal werden wir oben los lassen!" Mit diesen guten Wünschen ist auch das Ritual zu einem schönen Ende gebracht und ich bedanke mich am Ende von Herzen für das gemeinsame Gestalten und Zusammensein.

Durch dieses gemeinsame Ritualerlebnis kann den Kindern eine wunderschöne Erinnerung im Herzen bleiben, die ihnen immer wieder helfen kann, wenn einmal das Leben scheinbar nicht so läuft, wie es gewünscht ist. Sie können sich dann vielleicht an diesen bewusst geschaffenen Kreis und dessen Kraft erinnern, die sie gemeinsam erschaffen haben und erleben durften. Und damit vielleicht wieder neue Kraft für ihren Alltag schöpfen.

9 Kreative Schöpfungswerke aus der Praxis

Oft sind es nicht nur diese komplexen Arbeiten, die für mich die Integration des „indianischen Spirit" in meiner therapeutischen Tätigkeit ausmachen. Es sind für mich die kleinen, aber essentiellen Veränderungen im Denken und Handeln, die sich in meiner Arbeit verändert haben, seit ich meine Heimat, den Schamanismus, kennenlernen durfte.

Somit möchte ich an dieser Stelle wichtige Aspekte beschreiben, welche für mich vor allem die Haltung und Einstellung im therapeutischen Gespräch erweitert haben. Wie ein möglicher Beginn und ein mögliches Ende eines Experimentes oder Kontaktes aussehen könnten. Wie ich die Wesenheiten in die therapeutische Arbeit hole und wie die wunderbare Zusammenarbeit mit den Krafttieren mein Tun bereichert, möchte ich nun genauer ausführen. Zuletzt beschreibe ich anhand eines Beispiels, wie in einer einfachen Arbeit mit Bildern ein tranceähnlicher Zustand entstehen kann, gelingt im Hier-und-Jetzt zu sein und sich mit dieser Kraft zu verbinden.

Es ist etwas Heiliges, wenn Heil(ung) geschehen darf. Um eine Atmosphäre des Respekts, der Würde und Dankbarkeit entstehen zu lassen, welche die Heiligkeit dieses Zusammenseins schön einbettet und abrundet, hole ich die Kraft des Gebetes in die therapeutische Arbeit. Es geht darum, die Kräfte einzuladen und ihnen zu danken, dass sie da sind. Entweder bete ich im Stillen oder ich frage die Klientin oder den Klienten, ob wir zusammen eine Bitte (ein Gebet) formulieren möchten, damit Heilung in dieser Arbeit passieren darf oder die Antworten kommen mögen. Auch bitten wir, dass wir offen und bereit sein mögen, zu sehen was ist und was helfen kann. Wir beten, dass nicht die Angst die Sinne vernebelt. Am Ende eines Experimentes bedanke ich mich bei jeder Kraft, jeder Energie und bei jedem Wesen, welches in der Arbeit bei uns war. Dies spreche ich laut aus und meiner Erfahrung nach, wird dies von den Klienten nicht als etwas Fremdes aufgefasst. Sie haben die Kräfte ja erfahren und gespürt, als sie auf den Stühlen mit ihnen verbunden waren oder sie das Krafttier tanzen ließen oder ein Zwiegespräch mit Körperteilen hielten etc. Meistens nicken sie dann zu meinen Worten oder formulieren spontan einen weiteren Satz dazu. Wenn es der Situation entspringt, wird daraus ein Dankesgebet. Ein Dank für das Geschenk, welches wir erhalten haben und das wir zusammen erschaffen haben.

Das animistische Weltbild der Indianer, das in allen Dingen Leben steckt, hat in mir auch das Vertrauen in das Leben und in seinen Rhythmus, wie es die Natur zeigt, gestärkt. Alle Elemente, Pflanzen und Tiere sind älter als wir und deshalb auch weiser. Wir können alles um uns herum um Hilfe bitten, wenn wir auf Fragen eine Antwort finden möchten. Was ich gerne mit den Klienten tue, ist vergleichbar mit dem Steinorakel der Lakota.[145]

Der Klient kann sich bei mir einen Stein aussuchen oder wir gehen zusammen in die Natur, damit er speziell zu seinem Anliegen einen Stein finden kann. Er soll nun an die Frage denken. Dabei wird der Stein von allen Seiten betrachtet. Der Klient soll erzählen, welche Bilder er sieht. Wenn alle Seiten des Steines betrachtet und alle Bilder genannt sind, soll der Klient beschreiben, was die einzelnen Bilder zu seiner Frage oder seinem Anliegen „zu sagen haben". Die meisten sind erstaunt darüber, dass sie Antworten bekommen und schauen zum Teil skeptisch. Ich erkläre ihnen, dass es doch nichts Außergewöhnliches sei, dass jemand, der schon so lange auf dieser Welt existiert, uns weise Ratschläge geben kann. Die meisten müssen dann schmunzeln und fühlen sich zudem wieder mehr mit der Natur verbunden.

---

[145] vgl. Walsh, 2005, S.222

Da wir alle Teil eines großen Ganzen sind, bin ich nicht alleine. Daher kann ich zu jeder Zeit diese andere Dimension dazu holen, die Spirits um Rat fragen. Diese Erfahrung machen zu können, macht mich leichter, freier und entlastet mich, vor allem wenn ich mit sehr schwierigen Situationen, in denen manche Menschen stecken, zu tun habe. So kann es sein, dass ich während eines Gespräches für den Klienten in die andere Wirklichkeit wandere, mit der Erlaubnis, dass ich mich mit meinem ganzen Wissen und Können, meinem Hintergrund, dem Klienten öffne und er Unterstützung und Hilfe zur Gesundung erhalten möchte. Ich frage dort meine Geisthelfer, was ich für mein Gegenüber tun darf. Wenn genügend Übung vorhanden ist und eine wertschätzende Beziehung zwischen mir und meinen Helferwesen entfaltet ist, kommt die Antwort ganz schnell in Bildern, Sätzen oder ich spüre, was ich tun kann. Dies kann auch mit der Schulung der Intuition verglichen werden oder dem Üben von Bewusstheit und Gewahrsein.

Während eines Gespräches, als ich die Spirits aufsuchte, bekam ich die Aufforderung meine Klientin zu fragen, ob sie mir die Hände geben möchte. Die letzte Entscheidung und Verantwortung, was ich schliesslich tue oder unterlasse, liegt bei mir. Ich fragte schließlich meine Klientin und sie gab mir sehr gerne ihre Hände. In solchen Momenten bin ich sehr aufmerksam, was sich bei ihr äusserlich verändert und was ich innerlich wahrnehmen kann. Bei ihr war sichtbare Entspannung wahrnehmbar und der Kontakt fühlte sich wie ein wohliges Kribbeln an. Diese Verbindung hat ihr gut getan und ihre lang aufgestauten Tränen konnten endlich fließen. Die Klientin war sehr froh und berührt über das, was geschehen durfte. Sie fühlte sich innerlich befreit und ausgeglichen. Ohne die Spirits hätte ich dies nicht getan und es wäre wirklich schade um diesen speziellen Moment gewesen.

Für mich ist immer wieder wichtig, den Spirits zu vertrauen. Dazu muss ich aber mit beiden Beinen am Boden dieser Realität stehen. Durch meinen bisherigen Weg, die wissenschaftliche Ausbildung an der Universität und der ebenso soliden Ausbildung in der Gestalttherapie, habe ich mir einen festen Boden geschaffen, auf dem ich gut stehe und mich so den anderen Welten öffnen kann.

Hier ist ein weiteres Beispiel zu der Arbeit mit Krafttieren, welches zeigt wie nicht nur Kinder, sondern auch Erwachsene, sofort Kraft bekommen und sich energievoller fühlen, wenn sie in Kontakt mit ihrem Krafttier kommen:

Eine 22-jährige Psychologiestudentin hat im Rahmen eines Seminars an der Universität, bei dem es um das Unbewusste ging, drei Bilder gemalt. Sie bringt diese Bilder mit in die Therapie, da sie das Gefühl hat, es stecke noch mehr in ihnen, als sie bisher mit dem Kopf analysieren konnte. Auf dem ersten Bild sieht man in violetter Farbe ein aufgewühltes, stürmisches Meer und am Himmel drei Wolken, wobei man nicht weiß, ob sie ab- oder aufziehen. Dies sei das Problem. Das zweite Bild zeigt in grüner Farbe eine Schafherde, die friedlich auf einer Wiese zusammensteht. Dies zeige den Gegenpol zum Problembild. Das dritte Bild stelle die Synthese aus den ersten beiden Bildern dar. Auf diesem sieht man einen zufriedenen, entspannten Vogel in den Abendhimmel fliegen.

Ja, manchmal fühle sie sich aufgewühlt wie die Wellen auf dem ersten Bild und natürlich sehne sie sich nach Geborgenheit in der Schafherde. Was sie schön fände sei, dass auf dem letzten Bild ein Vogel sei, aber mehr würden ihr diese Bilder nicht sagen.

Ich lasse sie nach gestalttherapeutischer Arbeitsweise in die einzelne Bilder eintauchen, die Qualitäten der Farbe und der Inhalte wahrnehmen, um sich mit ihnen zu verbinden. Dies ist der Moment, wo die Klientin bereit ist, ihre Fragen in den Hintergrund zu stellen, um sich im Hier-und-Jetzt in das Bild einzufühlen. Es entsteht jener beeindruckende Vorgang einer kurzen, leichten Trance, in der sie ihre Welt, ihr jetziges Erleben, zu beschreiben beginnt, was eine direkte Auswirkung auf ihr Sein hat.

Als sie sich mit dem Vogel und somit mit dessen Wesen verbindet, ist zuerst spürbar, dass sie entspannter und ruhiger wird. Sie erzählt von der Qualität des Fliegens. Es sei schön, sich so entspannt von der Nacht tragen zu lassen und es sei auch praktisch und dienlich wegfliegen zu können. In diesem Moment beginnt sie langsam in die Welt des Vogels einzutauchen und diese immer mehr mit ihren Sinnen wahrzunehmen. Sie wird jedoch noch von der gedanklichen Logik oder auch vom unterbewussten Wunsch der Flucht vor diesen Wellen begleitet. Sie befindet sich hier bereits im schamanischen Bewusstseinszustand.

Als ich sie weiter darin begleite, bei ihrem Vogel zu bleiben und ihn als ihr Krafttier zu begrüßen, als Helfertier speziell für sie und in dieser Situation, merke ich, wie sehr sie sich bereits in diese Welt begeben hat. Ich lade sie ein, den Vogel zu fragen, wozu er gekommen sei und was er ihr raten möchte. Es verändert sich spürbar etwas in ihrer Präsenz. Sie hat ein Lächeln auf den Lippen und schmunzelnd sagt sie: „Er möchte mit mir zu den Wellen fliegen. Er sagt zu mir: „He Du, los komm, wir können schon noch ein bisschen näher zu den Wellen fliegen und sie beobachten, ihre urtümliche Kraft und ihre ständige Veränderung erleben, bevor wir davon fliegen – so gefährlich sind sie nun auch wieder nicht!"

Da war dieser kleine Moment der inneren Freiheit – wir haben jederzeit die Möglichkeit uns und die Welt neu zu erfinden, uns neu zu erleben. Diese Freiheit, die einem spontan erlebten, tranceähnlichen Bewusstseinszustand gleicht, ist das Zusammentreffen des Erfahrens mit allen Sinnen – der existenzialistische Gedanke, im Hier-und-Jetzt wird zum Fließen gebracht. Diese Erfahrung beantwortet das „Wie" und „Was" und dies genügt dem „Sein", um eine Veränderung zuzulassen.

10 Schlussworte

Erst die Hingabe an das Leben, an die Elemente und den Kreislauf der Natur, hat mich ganz gemacht. Wenn ich im Bild des Medizinrades sprechen darf, so ist die fehlende Speiche des Ostens zum Westen, die spirituell-körperliche Ebene, für mich dazu gekommen und hat mich und meine Arbeit rund und heil gemacht. Eine Gestalt durfte geschlossen werden, die so lange offen und unerledigt war, auf dass die Energie wieder freier fließen darf. Diese wieder gefundene Speiche hat es mir ermöglicht, ganz hier in dieser Welt und doch verbunden mit dem Himmel und dem Licht zu sein.

Der von mir praktizierte Schamanismus ist für mich eine Heilarbeit, die auch die feinstoffliche Ebene einschließt. Bei meiner Arbeit fühle ich mich absolut mit Allem verbunden. Es ist eine sehr demütige und hingebungsvolle Arbeit, welche die Würdigung und Ehrung von Allem in sich trägt. Es ist ein Weg der Liebe und der Demut, eine Dankbarkeit an das Leben. Auf diese Art und Weise hat sich meine gestalttherapeutische Arbeit dem transpersonalen Aspekt geöffnet. Dies tut mir und meinen Klienten gut.

Mit Freude gehe ich diesen, meinen Weg, in Begleitung meiner Krafttiere und meinen inneren Lehrern. Denn ihre Kraft und Weisheit spüre ich in mir, während sie um mich sind. Ebenso erfüllt es mich mit Freude, über sie zu sprechen, denn sie sind für mich real geworden. Ich spüre sie und sie begleiten mich und helfen mir bei meinem Wirken.

Auf diese Weise ist auch das „Herz im Herz mit Tiger und Adler" entstanden und zu meinem Signet geworden – meine treuen Krafttiere, die mir mit Liebe, Humor und Geduld helfen, den Schamanismus in meine psychotherapeutische Arbeit zu integrieren. Das verbindende Element ist die Seele, der Weg zur Ganzheit und damit verbunden, der

Weg zur Liebe. Es ist die Liebe zu sich selbst und zu allem was ist: Vom Alleinsein zum All-Eins-Sein – der Weg des Herzens.

In der Lakotasprache heißt es: „Mitakuye Oyassin", was so viel bedeutet wie: „Was ich tue, tue ich für mich und all meine Verwandten (Steine, Pflanzen, Tiere und Menschen)."

Ich bin auf dem Weg, auf meinem Weg und werde weiter zu der, die ich wirklich bin. Als Gestalttherapeutin und schamanisch Tätige pflege ich einen sorgfältigen Umgang mit dem Hintergrund, mit dem, was mich ausmacht – damit in der therapeutischen Begegnung zur Figur werden kann, was auftauchen will – im Hier-und-Jetzt.

Literaturverzeichnis

Baulig, I., Baulig, V. (2002). *Praxis der Kindergestalttherapie.* Frensdorf: EHP Verlag.

Beaumont, H. (1999). Das Interview. Teil I: Gestalttherapie und die Seele. *Gestaltkritik – Zeitschrift für Gestalttherapie;* http://www.gestalt.de/beaumont_interview_teil1.html; 13.01.2008.

Beaumont, H. (2007). Gestalttherapie ist mehr als Fritz Perls. *Gestaltkritik – Zeitschrift für Gestalttherapie,* http://www.gestalt.de/beaumont_gestalttherapie.html; 18.11.2007.

Beisser, A.R. (1997). *Wozu brauche ich Flügel? Ein Gestalttherapeut betrachtet sein Leben als Gelähmter.* Wuppertal: Hammer.

Bergantino, L. (1992). *Warum heilt Psychotherapie? Der existentielle Augenblick.* Köln: Edition Humanistische Psychologie.

Bialy, J. v., Volk-von Bialy, H. (Hrsg.) (1998). *Siebenmal Perls auf einen Streich. Die klassische Gestalttherapie im Überblick.* Paderborn: Junfermann.

Blankertz, S. (2000). *Gestalt begreifen. Ein Arbeitsbuch zur Theorie der Gestalttherapie.* (2. erw. Aufl.). Wuppertal: Peter Hammer Verlag.

Blankertz, S. u. Doubrawa, E. (2005a). Lexikon der Gestalttherapie: Phänomenologie. *Gestaltkritik – Zeitschrift für Gestalttherapie.* http://www.gestalttherapie-lexikon.de/phaenomenologie.htm; 14.05.2008.

Blankertz, S. u. Doubrawa, E. (2005b). Lexikon der Gestalttherapie: Buber Martin. *Gestaltkritik – Zeitschrift für Gestalttherapie.* http://www.gestalttherapie-lexikon.de/buber_martin.htm; 14.05.2008.

Blankertz, S. u. Doubrawa, E. (2005c). Lexikon der Gestalttherapie: Gestalttechniken. *Gestaltkritik – Zeitschrift für Gestalttherapie.* http://www.gestalttherapie-lexikon.de/gestalttechniken.htm; 14.05.2008.

Boyd, D. (1981). *Rolling Thunder. Erfahrungen mit einem Schamanen der neuen Indianerbewegung.* (3. Aufl.). München: Trikont-dianus Buchverlag.

Cowan, T. (2003). *Schamanismus. Eine Einführung in die tägliche Praxis.* (2. Aufl.). Hamburg: Rowohlt Taschenbuchverlag.

De Roeck, B.P. (2002). *Gras unter meinen Füssen. Eine ungewöhnliche Einführung in die Gestalttherapie.* (16. Aufl.). Reinbek b. Hamburg: Rowohlt Taschenbuchverlag.

Doubrawa, E. (2002). *Die Seele berühren. Erzählte Gestalttherapie.* Wuppertal: Peter Hammer Verlag.

Eliade, M. (2006). *Schamanismus und archaische Ekstasetechnik.* (13. Aufl.). Frankfurt am Main: Suhrkamp.

Esbaugh, R. N. (1981). Weisse Indianer. In Marcus, E.H. (Hrsg.), *Weisse Indianer. Entwicklungen in der Gestalttherapie. Gesammelte Aufsätze.* Hamburg: ISKO-Press.

Farau, A. (1999). In Cohen, R., Farau, A. (Hrsg.), *Gelebte Geschichte der Psychotherapie: Zwei Perspektiven.* (2. erw. Aufl.). Stuttgart: Klett-Cotta.

Franck, J. (1997). *Gestalt-Gruppentherapie mit Kindern.* Freiamt: Arbor Verlag.

Fuchs, A. (2007). Persönliche Mitteilung vom 11.8.2007, aus seinen Erfahrungen bei den Dakota Indianern in der „Pine Ridge"-Reservation im Jahr 1998.

Fuhr, R. u. Gremmler-Fuhr, M. (1995). *Gestalt-Ansatz. Grundkonzepte und -modelle aus neuer Perspektive.* Köln: Edition Humanistische Psychologie.

Fuhr, R. u. Gremmler-Fuhr, M. (2001). Wachstum – vom Beschwören eines Mythos zur Unterstützung von Qualität in der Gestalttherapie. In Staemmler, F.M. (Hrsg.), *Gestalttherapie im Umbruch: von alten Begriffen zu neuen Ideen.* (S.87 – S.116). Köln: Edition Humanistische Psychologie.

Gendlin, E.T. (1996). *Focusing – orientierte Psychotherapie. Ein Handbuch der erlebensbezogenen Methode.* München: Pfeiffer.

Gibran, K. (2002). *Der Prophet.* München: Deutscher Taschenbuch Verlag.

Goethe, J. W. (1987). *Sämtliche Werke: Briefe, Tagebücher und Gespräche. Frankfurter Ausgabe.* In Birus, H., Borchmeyer, D. u. Eibl, K. (Hrsg.), Bd. 1.1, (S. 318-319). Frankfurt a. Main: Dt. Klassiker Verlag.

Gore, B. (1996). *Ekstatische Körperhaltungen: Ein natürlicher Wegweiser zur erweiterten Wirklichkeit.* Essen: Synthesis Verlag.

Greenberg, L.S., Rice, L.N. u. Elliott, R. (2003). *Emotionale Veränderung fördern. Grundlagen einer prozess- und erlebnisorientierten Therapie.* Paderborn: Junfermann.

Harner, M. (1999). *Der Weg des Schamanen. Ein praktischer Führer zur inneren Heilkraft.* München: Ariston.

Hartmann-Kottek, L. (Hrsg.) (2004). *Gestalttherapie.* Berlin: Springer-Verlag.

Hüther, G. (2009). Ohne Gefühle geht gar nichts! Worauf es beim Lernen ankommt (DVD). Stadttheater Freiburg: Auditorium Netzwerk.

Hüther, G. (2010). Zusammenschnitt aus dem zwei-stündigen Podcast *vom 18.12.2010:* "Auszeit fürs Gehirn – Die produktive Kraft der Muße" mit Prof. Dr. Gerald Hüther, Neurobiologe und Hirnforscher. http://www.youtube.com/watch?v=QSl6Y1gapPY. 16.06.2012.

Hycner, R. (2003). Die Ich-Du-Beziehung. Martin Buber und die Gestalttherapie. In Doubrawa, E. u. Staemmler, F.M. (Hrsg.), *Heilende Beziehungen. Dialogische Gestalttherapie.* (2. erw. Aufl.). (S.83 – 94). Wuppertal: Peter Hammer Verlag.

Ingerman, S. (2004). *Die schamanische Reise: Ein spiritueller Weg zu sich selbst.* Pössneck: Ariston.

Ingerman, S. (2006). *Die Heimkehr der Seele. Schamanische Selbstheilung.* (2. Aufl.). Ulm: Ullstein.

Ingerman, S. (2007*). Auf der Suche nach der verlorenen Seele. Der schamanische Weg zur inneren Ganzheit.* (4. Aufl.). Pössneck: Ariston.

Kalweit, H. (1986). *Urheiler und Medizinleute.* München: Kösel Verlag.

Korczak, J. (1983). *Wie man ein Kind lieben soll.* Göttingen: Vondenhoeck.

Korczak, J. (1985). *Von Kindern und anderen Vorbildern.* Gütersloher Verlagshaus.

Lamesch, C. (2007). *Von der Psychotherapie zu schamanischen Heilweisen. Feinstoffliche Heilung als Weg zum Kern des Bewusstseins.* (1. deut. Aufl.). Fulda: Vianova Verlag.

Laotse (2005). *Tao te king. Das Buch vom Sinn und Leben.* München: Deutscher Taschenbuch Verlag.

Lerch, Ch. (2007). *Kinder entdecken ihre innere Kraft. Integrative Imaginationsarbeit.* Freiamt: Arbor Verlag.

Liesenfeld, S. (2006). Alles wirkliche Leben ist Begegnung. Hundert Worte von Martin Buber. München: Verlag neue Stadt.

Martin, K. (2007). Persönliche Mitteilung vom November 2007.

Meadows, K. (2004). *Das Buch des Schamanismus. Der sanfte Weg zu Weisheit, Kraft und innerer Harmonie.* Berlin: Ullstein Buchverlage GmbH.

Naranjo, C. (1993). *Gestalt: Präsenz – Gewahrsein – Verantwortung: Grundhaltung und Praxis einer lebendigen Therapie*. Freiamt: Arbor Verlag.

Oaklander, V. (1999). *Gestalttherapie mit Kinder und Jugendlichen.* Stuttgart: Klett-Cotta.

Oaklander, V. (2009). *Verborgene Schätze heben. Wege in die innere Welt von Kindern und Jugendlichen.* Stuttgart: Klett-Cotta.

Paturi, F.R. (1999). *Heilbuch der Schamanen.* München: W. Ludwig Buchverlag.

Perls, F.S. (1976). *Gestalt-Therapie in Aktion.* Stuttgart: Klett Verlag.

Perls, F.S. (1985). *Das Ich, der Hunger und die Aggression. Die Anfänge der Gestalttherapie.* (3.Aufl.). Stuttgart: Klett-Cotta.

Perls, F.S. (1992). *Gestalt, Wachstum, Integration: Aufsätze, Vorträge, Therapiesitzungen.* (Hrsg. von Petzold, H.), (5.Aufl.). Paderborn: Junfermann.

Perls, F.S. (2002). *Grundlagen der Gestalt-Therapie. Einführung uns Sitzungsprotokolle.* (11. Aufl.). München: Pfeiffer bei Klett-Cotta.

Perls, F.S., Hefferline, R.F., u. Goodman, P. (2004). *Gestalttherapie: Praxis.* (6. Aufl.). München: Deutscher Taschenbuch Verlag.

Perls, L. (1997). *Der Weg zur Gestalttherapie: Lore Perls im Gespräch mit Daniel Rosenblatt.* Wuppertal: Peter Hammer Verlag.

Perls, L. (1999). *Leben an der Grenze. Essays und Anmerkungen zur Gestalt-Therapie.* (Hrsg. Sreckovic, M.). Köln: Edition Humanistische Psychologie.

Perls, L. (2005). Ein Trialog. Im Gespräch mit Richard Kitzler und E. Mark Stern. *Gestaltkritik – Zeitschrift für Gestalttherapie,* http://www.gestalt.de/laura_perls_trialog.html; 6.02.2008.

Picard, W. (2006). *Schamanismus und Psychotherapie. Kräfte der Heilung.* Ahlerstedt: Param Verlag.

Portele, G.H. (1992). *Der Mensch ist kein Wägelchen: Gestalt-psychologie – Gestalttherapie – Selbstorganisation – Konstrukti-vismus.* Köln: Edition Humanistische Psychologie.

Roth, E. (2007a): Heilung läuft über die Emotion: Weshalb der Verstand langsam ist und Rituale wirksam sind. In: Schamanismus. Zeitschrift der Foundation for Shamanic Studies Europa. Nr. 1/2007. 1-4.

Roth, E. (2007b). Dimensionen des Glücks. Wiener klinisches Magazin.

Rüesch, P. (2006). Frage dein Krafttier. Heilende Botschaften für alle Lebenslagen. München: Kösel Verlag.

Rutherford, L. (1998). *Schamanismus. Was Sie wirklich darüber wissen müssen.* München: Wilhelm Goldmann Verlag.

Scharfetter, Ch. (1997). *Der spirituelle Weg und seine Gefahren: Spiritualität, Begriff, Typen, Bewusstseinsbereiche, Induktoren und Inhalte, Meditation, spirituelle Krise, Sekten und totalitäre Kulte; eine Übersicht für Berater und Therapeuten.* (4. erw. Aufl.). Stuttgart: Enke.

Scharfetter, Ch. (2006). Der Schamane. http://www.schamanismus-information.de/schamanismus/zeuge_alter_kultur.htm; 12.09.2007.

Schoen, S. (1996). *Wenn Sonne und Mond Zweifel hätten. Gestaltthe-rapie als spirituelle Suche.* Wuppertal: Peter Hammer Verlag.

Seligman, M. E.P. et al. (1999). *Kinder brauchen Optimismus.* 1. Auflage. Reinbek bei Hamburg: Rowohlt Verlag GmbH.

Sheldrake, R. (1993): *Das Gedächtnis der Natur: Das Geheimnis der Entstehung der Formen in der Natur.* (4. Aufl.). Bern: Scherz Verlag.

Spitzer, M. (2011). Geist und Gehirn. Folge 66: Babys lernen ganzheitlich. Film: http://www.youtube.com/watch?v=GcgvWai_t_Q. 14.05.2012.

Staemmler, F.M. (1995). *Der „leere Stuhl": ein Beitrag zur Technik der Gestalttherapie.* München: Pfeiffer.

Stevens, B. (2000). *Don't push the river. Gestalttherapie an ihren Wurzeln.* Köln: Peter Hammer Verlag.

Thalhamer, A. (2004). Die Einstellungen des Therapeuten zum Klienten. http://www.thalhamer-haase.at/texte.htm; 7.12.2007.

Uccusic, P. (1993). *Der Schamane in uns. Schamanismus als neue Selbsterfahrung, Hilfe und Heilung.* Berlin: Goldmann Verlag.

Urban, R. (2007). *Rückkehr zum inneren See. Schamanismus, Bewusstsein und Psychotherapie.* Diplomarbeit. Wien.

Vitebsky, P. (2007). *Schamanimus: Reisen der Seele. Magische Kräfte. Ekstase und Heilung.* (3. Aufl.). Köln: Taschen GmbH.

Walter, H.J. (1994). *Gestalttheorie und Psychotherapie. Ein Beitrag zur integrativen Anwendung zeitgenössischer Therapieformen.* (3. Aufl.). Braunschweig: Westdeutscher Verlag.

Walsh, R.N. (2005). *Der Geist des Schamanismus.* Düsseldorf: Patmos Verlag.

Yontef, G.M. (1999). *Awareness, Dialog, Prozess: Wege zu einer relationalen Gestalttherapie.* (Hrsg. von Sreckovic, A. u. M.). Köln: Edition Humanistische Psychologie.